메이지 유신 초기의 조선침략론

동북아역사재단
교양총서 13

메이지 유신 초기의 조선 침략론

현명철 지음

동북아역사재단
NORTHEAST ASIAN HISTORY FOUNDATION

간행사

우리나라를 둘러싼 동북아 지역의 역사 갈등은 여전히 한창이고, 점차 심화되고 있습니다. 우리 동북아역사재단은 2006년에 동북아 지역의 역사 갈등을 미래지향적으로 해결하고, 나아가 역내 평화체제를 구축하려는 목적으로 출범하였습니다. 이때는 항상적으로 제기되고 있던 일본의 역사 왜곡에 더하여 고구려, 발해 역사를 둘러싸고 중국과 역사 분쟁이 일어났습니다.

한국과 일본 사이의 역사문제는 19세기 말 일제의 침탈과 식민지배 때부터 있어 왔습니다. 지금도 일제의 식민지배에 대한 진정한 사죄와 일본군'위안부' 문제, 전쟁에의 강제 동원과 수탈, 독도영유권 등을 둘러싸고 논쟁과 외교 마찰이 일어나고 있습니다. 중국은 개혁 · 개방 이후 급속하게 경제발전을 이루면서 체제를 안정시키고 선린외교에 주력하였으나, 주변국과의 관계에서 주도권을 잡고자 하는 과정에서 자연스럽게 역사문제를 둘러싸고 이웃과 대립하게 되었습니다. 그중 동북 3성 지역의 역사에 대해서는 이른바 '동북공정'이라는 것을 통하여 중국 영토 안에서 일어났던 역사를 모두 자기 역사 속에 편입하고자 함으로써, 우리의 고대사(고조선, 부여, 고구려, 발해 등)와 충돌하게 되었습니다.

우리 재단은 이런 역사 현안을 우리 입장에서 연구하면서, 다른 한편으로 우리 국민이나 다른 나라 사람들이 우리의 연구 결과를 같이 공유하고, 이를 쉽게 알 수 있도록 교양 수준의 책을 출간하게 되었습니다. 한·중·일 역사 현안인 독도, 동해 표기, 일본군'위안부', 일본역사교과서, 야스쿠니신사, 고조선, 고구려, 발해 및 동북공정 관련 주제로 우리 재단 연구위원을 중심으로 재단 외부 전문가들로 필진을 구성하였습니다.

모든 국민들이 이 교양서들을 읽어서, 역사·영토 현안을 올바르게 인식하고 나아가 우리가 동북아 역사 갈등을 주도적으로 해결하여, 평화체제를 이룩하는 데 주역이 되기를 바랄 뿐입니다.

동북아역사재단

이사장 김도형

머리말

기유약조와 조선통신사로 상징되는 우호적이었던 조선 후기 한일관계가 어떤 이유로 '조선침략론(정한론)'으로 대변되는 근대 한일관계로 변화한 것일까?

메이지 정부 성립을 전후로 조선과 일본 사이에는 특별한 외교적 갈등이 존재하지 않았음에도 불구하고 일본에서 반한 감정이 증폭되었고, 조선침략론이 등장하였다. 많은 연구자들이 이에 대해 주목해 왔으나 납득할 만한 설명은 아직 이루어지지 않고 있다.

이 책은 일본에서 조선침략론이 발생한 이유가 무엇인지 해답을 제시하기 위해 쓴 것이다.

조선침략론은 에도 막부江戶幕府가 개항을 공식적으로 선언할 즈음 나타나기 시작하였다. 특히 1857~1858년, 1863~1865년, 1868~1869년, 1870년, 1873년, 1875년에 나타난 정한론이 주목된다.

메이지 정부 성립 후 조선과 일본 사이에 갈등이 생긴 이유를 살펴보면 일본의 주장은 메이지 정부가 양국의 우호를 증진하기 위해 서신을 보냈으나 조선이 이를 받아들이지 않았고, 일본을 멸시하는 무례를 범하였기에 조선침략론이 등장한 것이라고 단정하였다. 그뿐만 아니라 훈도訓導의 농간이 가능한 조선 외교 관리들의 기강 문란을 강조하였다.

하지만 이러한 주장은 사실이 아니며 사료와 일치하지도 않는다. 사료를 통해 확인해 보면 메이지 초기의 외교적 갈등은 과거의 외교 관계를 '폐단'이라고 규정하고 이를 개혁하려고 했던 메이지 정부의 쓰시마 번과 과거의 외교 관계를 '성신지교'라고 믿어 이를 유지하려 했던 조선 동래부의 충돌이 그 핵심이었다고 파악된다.

메이지 정부와 쓰시마 번은 막부 시절의 조선과의 우호적 외교 관계를 왜 '폐단'이라 규정하였을까. 이 과정을 역사적으로 살펴보는 것이 메이지 유신기의 조선침략론을 이해하는 열쇠가 된다. 따라서 조선침략론에 대한 이해는 근대 일본사를 파악하고 이를 바탕으로 전환기 한일관계사를 새롭게 해석하고 조망하는 작업으로 진행해야만 한다. 왜냐하면 조선침략론은 막부 말기 메이지 초기의 정쟁 속에서 점차 구체성을 띠고 시대의 흐름과 더불어 변화했기 때문이다.

조선침략론은 개항을 전후한 시점에서 메이지 초기에 이르기까지 여러 차례 등장한다. 우선, '개항에 따른 대외팽창론'이 주목된다. 1853년 미함대 사령관 페리가 우라가浦賀에서 미일수호조약을 요청한 이후, 막부는 수호조약을 맺는 것에 대한 찬반 의견을 다이묘들에게 물었다. 이에 따라 개항에 대한 다양한 의견이 등장하였고,

도쿠가와 막부 성립 이래 논의조차 금지되었던 해외로의 진출(대외팽창론)도 제기되었다. 에도 막부의 쇄국정책과 대조선 교린정책에 의해 억눌렸던 대외팽창론이 개항이라는 시대 변화에 따라 등장한 것이다.

두 번째로 주목되는 것은, 1863~1865년에 나타난 정한론(조선침략론)이다. 앞서의 대외팽창론이 기존의 한일관계나 쓰시마와 관련 없이 발생했다면, 이 시기의 조선침략론은 쓰시마가 중심이 되어 나타났다는 점에서 주목된다. 일본이 개항함에 따라 서양과의 외교를 경험한 막부는 쓰시마 번을 매개로 한 한일관계를 불편하게 생각했고, 대조선 외교도 직접 장악해야 할 필요성을 느꼈다. 게다가 대외팽창 여론을 달랠 필요도 있었다. 한편, 막부 시절 일본의 외교 전문가를 자처하던 쓰시마 번은 에도 막부가 외교를 관장하게 되자 그 위상이 크게 떨어졌다. 또 개항장을 통해 값싼 외국의 면제품이 들어오면서 조선과의 무역을 통해 얻었던 이윤이 급감하여 경제적 타격을 받았다. 쓰시마 번은 생존을 위한 대책 마련에 부심하게 된다. 그리하여 쓰시마 개항을 전제로 한 이봉移封 운동을 전개했지만, 일본 열도가 양이의 시대에 접어들면서 이봉 운동은 실패하였다. 이에 양이를 단행하면 서양 열강의 침입에 쓰시마가 최전선이 되므로 서양의 공격에 대비하기 위한 원조를 막부에 요구하였다. 이 논리가 대외팽창론과 결부되면서 서양이 조선을 침략하기 전에 일본이 조선에 발판을 마련해야 한다는 정한론(조선침략론)으로 나타나게 된 것이다. 이 점은 전환기 한일관계사를 살펴볼 때 매우 중요한 부분이며 이 책의 핵심이기도 하다. 쓰시마의 원조 요구 활동은 여론의 지지를 얻어 쓰시마 번이 경제적으로 안정되어야만 유사시에 조선 진출을 도모할 수 있다는 여론이 형성되었다. 그 중심에는 조슈 번과 소통하던 쓰시마 번의 오시마 도모노조大島友之允가 있었다. 점점 더 커져 가는 양이 운동의 물결은 기존의 한일관계를 비판하였다. 특히 쓰시마가 조선에 조공하고 있고, 조선이 쓰시마를 신하로 대우하는 것은 일본의 치욕이며 배신이라는 견해도 나타났다. 쓰시마 번은 이러한 비판을 역이용해 경제 원조를 얻는 논리로 사용하려 했다. 쓰시마가 경제적으로 취약하기 때문에 조선이 쓰시마 번을 무시하고 있으며 이는 일본의 치욕이므로 경제 원조를 해 달라는 것이다. 쓰시마의 이러한 원조 요구 활동은 조선이 일본에 대해 무례하게 대하고 있다는 인식을 확산시켜 반한 감정을 불러일으키는 계기가 되었다.

세 번째로 주목되는 것은 1868~1869년의 '조선침략건백서'이다. 메이지 정부가 성립하고 보신전쟁戊辰戰爭이 수습되자 국내 혼란을 새로운 전쟁으로 다스리려는 전략이 대두되었다. 그 무대는 바로 조선이었다. 이때 사쓰마 번은 러시아와의 대결을, 조슈 번은 조선과의 전쟁을 주장하며 대립하였다. 조슈 번의 기도 다카요시木戶孝允가 주장한 '조선침략건백서'는 정부 내에서 많은 지지를 받았다. 이들은 모두 내정을 안정시키기 위해 해외 진출을 하고자 하는 비슷한 모습을 보였다.

네 번째로 주목되는 것은 1870년 '왜관에 파견된 외무성 관료들의 보고'로 나타난 '조선침략건백서'이다. 외무성 관료인 사다 하쿠보佐田白矛, 모리야마 시게루森山茂 등은 '서양이 조선에 관심을 갖기 어려운 지금이야말로 조선에 황위를 미칠 좋은 기회'라고 보고하였으며, 조선에서 메이지 정부의 사절인 대수대차사大修大差使의 서한이 받아들여지지 않자 '조선이 메이지 정부를 모독한 것'이라고 선전하며 응징해야 한다고 주장했다. 하지만 이들은 '조선이 서계를 받아들이지 않겠다고 답하였지만 절교하려는 뜻이 추호도 없고, 막부와 동등한 대신과 적례를 하고자 한다'라고 보고하였다.

다섯 번째로 주목되는 것은 1873년의 정한론 정변(메이지 6년의 정변), 즉 '메이지 정부의 유수정부와 외유파의 갈등'으로 표출된 것이었다. 정한론을 주장한 것은 메이지 정부의 사쓰마파인 사이고 다카모리西鄕隆盛가 중심이었으나 그를 진압한 이와쿠라 도모미岩倉具視, 오쿠보 도시미치大久保利通 등 외유파도 조선 진출에 대한 야욕을 부린 점에서는 차이가 없었다.

마지막으로 등장한 조선침략론은 1875년에 메이지 정부가 전쟁 여론을 조성하기 위해 강화도 사건을 일으키고 이를 조선이 일본 선박을 일방적으로 공격한 것이라고 왜곡·선전하며 나타났다. 그러자 일본 조야에서는 메이지 정부와 외교 관계를 맺지 않고 있었던 조선에 대한 불만이 더해져 조선을 힘으로 제압해야 한다는 여론이 더욱 높아졌다.

이 책에서는 조일수호조규가 맺어지는 1876년까지 일본에 등장한 조선침략론을 중심으로 전환기 한일관계사를 다시 구성하고자 한다.

조선 후기(일본 도쿠가와 막부 시기) 우호적인 한일관계가 특별한 외교적 갈등 없이 악화되고 무위(힘)를 보여주어야 한다는 정한론이나 조선침략론이 나타나게 된 것은 일본의 내부 정치에서 유래한다. 따라서 이를 설명하기 위해서는 막번체제와 조선 후기 한일관계의 특징, 그리고 일본 개항사에 대한 이해가 필요하다. 특히 양국의 가교 역할을 하였던 쓰시마 번이 취한 태도에 주목해야 한다.

제1장에서는 '메이지 유신 이전 일본의 조선관과 한일관계'를 통해 임진왜란 이후(조선 후기) 한일관계를 검토하고, 일본의 개항 과정에서 등장하는 대외팽창론을 살펴보겠다. 이를 기반으로 '개항에 따른 대외팽창론'을 설명할 것이다.

제2장에서는 '에도 막부의 개항과 쓰시마 번'을 통해 일본의 개항과 에도 막부 말기의 정쟁政爭 속에서 조선과의 외교관계가 논쟁의 대상이 되는 상황을 이해하고, 조선과의 외교·무역을 담당하였던 쓰시마 번이 이를 어떻게 받아들이고 활용하였는지 살펴보고자 한다. 또한 1861년 쓰시마 번의 이봉 운동 전개와 1862년 에도 막부의 개항정책을 거부하는 양이 정권, 1863~1865년의 원조 요구 운동 등을 통해 쓰시마 번이 제기한 1863~1865년의 조선진출론을 자연스럽게 설명할 것이다.

제3장에서는 '메이지 유신 이후의 쓰시마 번 그리고 왜관'을 통해 외교 일원화를 도모한 메이지 정부의 입장, 충분한 원조 없이는 기존의 무역 독점권을 포기할 수 없었던 쓰시마 번의 입장, 그리고 동래부의 대응 등을 왜관의 관점에서 검토할 것이다. 이를 통해서 조슈 번을 중심으로 제기된 1868~1869년의 조선침략건백서와

1870년의 조선침략론을 설명할 것이다.

제4장에서는 '기유약조 붕괴 이후의 왜관(1872~1876)'을 통해 폐번치현으로 인한 쓰시마 번의 소멸과 외무성 관리가 파견된 왜관의 변화를 살펴보겠다. 이를 통해 1873년의 정한론 정변과 1875년의 조선응징론을 이해할 수 있을 것이다.

이 책은 전환기 한일관계사를 새롭게 해석하고 조망하려는 작업의 하나이다. 연구사의 흐름에서 보면 아직 시작 단계이기에 많은 질책과 격려, 논쟁이 필요할 것이다. 전환기 한일관계사를 재조명하고, 새로운 시각에서 역사를 쓰는 첫걸음이 되기를 바라는 마음이다.

현명철

목 차

간행사

머리말

제1장

메이지 유신 이전
일본의 조선관과 한일관계

1. 임진왜란 전후 처리와 두 개의 조선관 18
2. 조선 후기 한일관계의 특징 21
3. 왜관의 이해 28
4. 에도 막부의 개항과 '대외팽창론'의 대두 35

제2장

에도 막부의 개항과
쓰시마 번

1. 일본의 개항과 쓰시마 번 40
2. 쓰시마 번의 이봉 운동과 에도 막부의 외교 일원화 정책 43
3. 양이 운동의 전개와 원조 요구 운동의 변화 50
4. 쓰시마 번의 조선진출론과 원조 요구 운동 58
5. 도쿠가와 요시노부 시대의 쓰시마 번 69

제3장

메이지 유신 이후의 쓰시마 번 그리고 왜관

1. 메이지 정부 수립과 '구폐'로 간주된 한일관계 76
2. 메이지 정부와 1868~1869년의 조선침략론 82
3. 메이지 유신과 왜관 85
4. 일본 외무성 관리의 조선 국정 탐색과 1870년의 정한론 98
5. 폐번치현과 왜관 103
6. 하나부사 요시모토의 도한과 기유약조 체제 붕괴 108

제4장

기유약조 체제 붕괴 이후의 왜관(1872~1876)

1. 1872년 후반의 왜관 114
2. 1873년의 왜관 126
3. 정한론 정변(메이지 6년의 정변) 138
4. 고종의 친정과 한일관계 회복을 위한 노력 142
5. 전쟁 위기와 극적인 타협-조일수호조규 체결 149

맺음말

제 1 장

임진왜란 이후 일본에는 조선에 관한 두 가지 견해가 존재했다.
하나는 외교 표면에 나타난 적례를 기반으로 한
교린관계이며, 또 다른 하나는 도요토미 히데요시의 꿈을
이으려는 대외팽창론이었다.

메이지 유신 이전
일본의 조선관과
한일관계

1

임진왜란 전후 처리와 두 개의 조선관

임진왜란壬辰倭亂으로 수많은 인명 피해를 입은 조선은 일본을 불구대천不俱戴天의 원수로 여기게 되었다. 이는 일본에 새로이 등장한 도쿠가와 이에야스德川家康 정권에게는 매우 불편한 현실이었고, 북방의 여진족을 막아야 하는 조선 정부로서도 힘겨운 일이었다. 양국의 화해와 공존을 위해서는 임진왜란 전후 처리戰後處理가 필요함은 말할 나위 없었다.

새로이 권력을 장악한 도쿠가와 이에야스는 '임진왜란은 도요토미 히데요시豐臣秀吉가 일으킨 것이며, 나는 참전하지 않았다'며 전쟁 책임을 회피하였다. 나아가 임진왜란을 일으킨 도요토미 세력과 대립하고 있으므로 '적의 적은 동지'이므로 조선과 우호를 맺는데 장애가 없다고 설득하였다. 그는 이러한 뜻을 방증하듯 임진왜란을 '의롭지 못한 전쟁不義戰爭'이라 규정하고 임진왜란 당시 일본으로 끌고 온 조선인(부로인)들을 송환하며 우호를 표시했다. 나아가 쇄국鎖國을 내걸고 다이묘大名들에게 도항渡航 금지령을 내림으로써 왜구의 위협을 없애 조선의 환심을 샀다. 또한 조선이 국교회복의 전제 조건으로 내걸었던 왕릉 도굴범 처단과 국서를 먼저 보내라는 요구도 쓰시마 번対馬藩의 노력으로 이루어졌다.

조선은 일본이 국서를 보내오자 회답겸쇄환사回答兼刷還使를 파견하여 에도 막부江戸幕府의 진실성을 조사하였다. 이어 도쿠가와 세력이 일본 열도를 완전히 지배하고 있다는 판단하에 1636년 조선통신사朝鮮通信使를 파견하며 정식으로 우호관계를 선포하였다. 이후 조선통신사는 에도 막부가 멸망할 때까지 쇼군將軍 교체 시에 파견되어 교린交隣을 기본 원리로 하는 우호 · 친선의 외교 관계를 지속하였다. 따라서 근세(조선 후기=에도 막부) 한일관계의 중심은 적례敵禮(대등지례)를 바탕으로 한 교린체제로 상정할 수 있으며, 평화적이고 우호적이었음을 확인할 수 있다.

그러나 막번체제幕藩體制의 성격상 에도 막부의 교린정책이 일본 전역에서 지지를 얻은 것은 아니었다. 정치에서 소외된 서남부 지역의 다이묘들은 도요토미 히데요시의 후계자임을 자처하였고, 겉으로는 에도 막부의 통제에 따라 조선통신사를 환대하였으나 속으로는 대조선 외교정책을 비판하였다. 아울러 임진왜란에서 활약하였던 선조들을 자랑스럽게 기억하였다. 특히 사쓰마 번薩摩藩에서는 『조선정벌기』(1659), 『정한록』(1671), 『정한실기』(1814), 『정한무록』(1856) 등을 출간하며 임진왜란에서 활약하였던 선조들에 대한 자부심을 표했다. 이처럼 서남부 지역의 다이묘들에게 복류로 흐르고 있었던 대외팽창론과 에도 막부의 외교정책 비판은 메이지明治 정부 전후에 조선침략론이 등장하게 된 배경으로 이해할 수 있다. 게다가 에도 막부 말기에 들어서면서 일본 국학자들은 일본 고전을 통해 신국神國 일본의 모습을 찾고자 했다. 특히 『일본서기日本書紀』에 등장하는 진구왕후神功皇后의 삼한정벌론이 확대되며, 고대 일본의 신과 천황이 조선을 지배하고 조선의 왕과 귀족이 일본에 복속되었다는 주장이 폭넓게 퍼지고 있었다.

이처럼 임진왜란 이후 일본에는 조선에 관한 두 가지 견해가 존재하였다. 하나는 임진왜란 전후 처리를 통해 외교 표면에 나타난 적례를 기반으로 한 교린관계이며, 또 다른 하나는 에도 막부에 억압되어 복류로 존재한 도요토미 히데요시의 꿈을 잇고자 하는 대외팽창론이었다. 이 대외팽창론은 에도 막부의 개항에 임박하여 표면으로 분출하게 된다.

2

조선 후기 한일관계의 특징

조선통신사 외교-에도 막부의 교린정책

한일관계와 관련한 수업을 할 때면 학생들 사이에 으레 빠지지 않고 나오는 질문이 있다.

"조선은 왜 임진왜란을 일으켜 조선을 괴롭힌 일본에 통신사를 파견하고 선진문물을 전해 주었습니까?"

조선통신사가 선진문물의 전파자로만 자리매김했기 때문에 나타난 의문이라 판단된다. 그렇다면 조선통신사의 역할은 무엇이었을까.

첫째, 조선에 우호적인 도쿠가와 정권을 지지하여 다이묘들을 통제하는 데 도움을 주는 일, 즉 일본 열도에 친조선 정권을 유지시키는 것이었다. 조선은 일본에서 정권이 바뀌거나 혼란이 일어나면 다시 전란이 발생할 우려가 있다고 판단하였다.

둘째, 일본 국내의 상세한 정보를 획득하는 것이다. 조선통신사는 각 방면에 우수한 사람들을 동행시켜 일본의 정치, 경제, 군사, 학문, 예술 등 각 방면의 정보를 수집하였다. 이들은 쓰시마-시모노세키下關-세도나이카이瀨戶內海-오사카大阪-교토京都-에도江戶에 이르는 일본의 주요 거점을 시찰하면서 상세한 조사와 분석을 행하였다. 물론 전쟁 재발 가능성에 대한 군사 정보가 최우선이었음은 당연하다. 에도 막부는 전쟁 야욕이 없다는 증거를 보여주기 위해 조선통신사를 초청하고 많은 부분에서 정보를 공유하며 접대하였다. 이는 전쟁 피해자인 조선을 배려하고 신뢰를 재구축하기 위함이었다.

셋째, 선진문물 전파였다. 조선은 성리학을 발전된 정치이자 문물로 인식하여 일본에 성리학이 융성하기를 바랐다. 이는 왕도정치王道政治로 일본이 변화하기를 바랐던 것이다. 반면 조선통신사는 일본의 문물을 받아들이려고 하지 않았다. 무력에 의한 패도정치霸道政治로 인식하였기 때문이다. 이러한 편견으로 조선통신사는 오사카나 에도의 융성함과 상업 발전을 목격하였음에도 불구하고 바람직하지 못하다고 폄하하였다. 패도정치보다 왕도정치를 추구하고, 물질문명보다 정신문명을 우선시하였던 조선 선비들의 경직된 모습이 아닐 수 없다.

조선통신사는 일본의 주요 거점을 거치며 쇼군이 머물고 있는 에도로 가 조선 국왕과 같은 예우로 알현하였다. 이는 일본을 장악한 도쿠가와 정권이 국제적으로도 인정받고 있음을 대내외적으로 선전하는 효과가 있었다. 쇼군을 조선 국왕과 같은 예우로 알현하는 것은 적례를 과시한 것이며, 우호를 상징하는 일이었다.

일본의 주요 거점을 지나는 조선통신사를 접대하는 것은 연도의 여러 번들에게 부과된 군역이었다. 이 때문에 다이묘들은 경제적인 이유로 조선통신사가 오지 않기를 바랐고 때때로 적개심을 표출하기도 했다. 하지만 접대가 소홀할 경우 바로 감봉減封(영토 축소, 이전)되었기 때문에 곤혹스러운 경우가 많았다. 에도 막부는 막대한 비용을 들여서 조선통신사를 초청하여 지방 정권을 통제하는 수단으로 활용하기도 하였다.

에도 막부는 통신사에 상응하는 사절을 조선에 파견하지 않았다. 일본은 사절을 직접 파견하지 말라는 조선의 요구를 받아들이며 재침 야욕이 없음을 보여주었다. 이는 전쟁 피해자인 조선을 배려하고 신뢰를 재구축하기 위한 양보로 이해할 수 있다. 한편으로는 일본이 힘의 우위를 인식하고 있다는 의미로도 해석된다. '문文의 나라 조선'과 '무武의 나라 일본'이라는 표현도 일본이 힘의 우위를 인지한 상태에서 나온 배려의 표현이었다. 아마 일본은 조선을 '작고 약하지만 똑똑한 친구' 정도로 인식하였다고 보면 큰 오류가 없을 것이다.

조선통신사 파견은 오로지 일본의 요청에 의해서 이루어졌으며, 조선이 스스로 파견한 적은 없었다. 이는 일본이 스스로 사절을 파견하지 못하게 하려는 조선의 외교 전술이었다. 임진왜란 이후 재침再侵을 막으려는 조치였을 뿐만 아니라 어려웠던 조선의 내부 상황을 보이고 싶지 않은 강력한 의지였다. 또한 일본이 조선통신사를 접대하는 수준으로 일본 사절을 접대할 수 없었던 경제적 요인도 있었다. 에도 막부도 이를 이해하였으며 쓰시마 번을 통해 모든 연락(통신이라 하였음)을 주고받았다.

조선은 쓰시마 번에서 오는 사절을 부산 왜관倭館에 머물게 했다. 왜관 내에는 객사客舍와 연대청宴大廳을 설치하여 조선 국왕에 대한 숙배肅拜와 연향宴享을 처리할 수 있도록 했다. 접대 책임자는 훈도訓導였으며 담당 지방관은 동래부사東萊府使와 부산첨사釜山僉

〈그림 1〉 왜관 복원도

使였다. 경접위관京接慰官으로 홍문관弘文館 교리校理가 파견되기도 한 것으로 보아 막부 고위 관리를 맞이하는 체제는 아니었음을 짐작할 수 있다. 이들은 왜관을 벗어날 수 없었다.

쓰시마 번을 매개로 한 한일관계-쓰시마 번에 대한 기미정책

조선은 임진왜란 이후 일본과 강화 교섭을 진행하면서 통교 창구로 쓰시마 번을 매개로 한 외교 관계를 구축하였다. 이에 따라 에도 막부와 우호를 선언하기 전인 1609년 쓰시마 번주와 기유약조己酉約條를 맺으며 '도서圖書'라고 불리는 도장을 주었다.(〈그림 2〉) 쓰시마 번주는 이 도서를 날인하여 노인路引[쓰시마 번에서는 취허(吹噓)라 불렀음]을 발급하여 도항증명서로 사용할 수 있게 했다.

조선과 쓰시마 번의 상황을 나가사키長崎와 비교해 보면, 나가사키에는 중국 상선이 입항하였으며 신패信牌가 있어야만 했다. 이

〈그림 2〉 조선이 쓰시마 번주인 소 요시아키라에게 준 도서

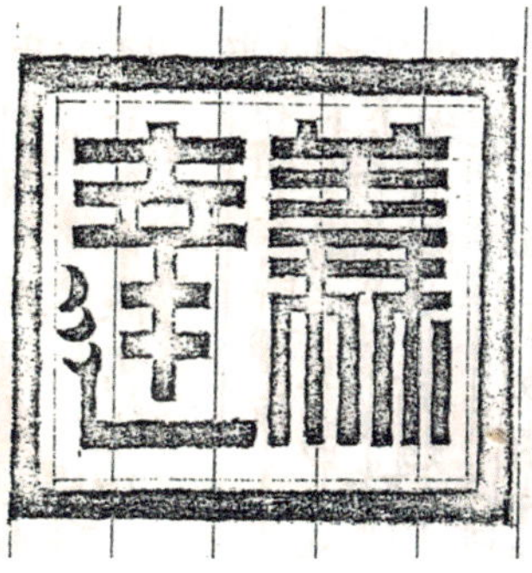

신패는 일본이 무역 통제와 치안 유지를 위해 발행한 것이었지만 발행 주체는 나가사키에 있는 당통사唐通事, 즉 중국 무역상 대표였다. 이는 일본이 중국 상인들을 지배한다는 외교 갈등을 미연에 방지하기 위한 것으로 중국 상인들의 자율 규제로 자리매김하고자 한 것이었다. 동래부나 부산진이 노인을 발급하지 않고 쓰시마 번주에게 도장을 주어 발급권을 준 것도 이러한 외교 갈등을 피하고자 한 것이었다. 이는 당시 동아시아 외교 의례를 이해할 수 있는 기준으로 훗날 도서 문제가 발생했을 때 판단의 기초가 된다.

쓰시마 번주는 이 도서를 날인하여 조선에 도항할 수 있는 노인을 발급하였고, 접대소인 왜관을 독점하였다. 조선 정부는 쓰시마 번에 도항 독점권을 줌으로써 번병藩屛 역할을 부여하였다. 쓰시마 상인들은 8송사선送使船을 통해 서계書契와 진상품을 들여와 조선의 예조에 올리고, 답서와 하사품을 취하는 공무역을 하였고, 진상품과 하사품을 통한 조공무역朝貢貿易 형식을 취하였다. 공무역 품목은 조선 공목(옷감)과 일본 구리였다.

쓰시마 번은 막부 쇼군을 대하는 마음으로 조선의 국왕을 대해야 했다. 이는 적례라는 우호의 기본 개념이었다. 쓰시마 번이 조공무역을 하였는지, 혹은 조선에 복속하였는지는 근대적 관례로 보기보다는 전근대적 예법으로 이해해야 한다.

쓰시마 번은 한일 양국의 우호에 따라 조공무역 형태로 두 나라 사이의 외교 · 무역을 독점하는 권리를 확보하였다. 조선 후기 한일관계를 에도 막부에 대한 '교린외교'와 쓰시마 번에 대한 '기미정책羈縻政策'이라는 이중적 요소로 파악하는 연구가 존재하는 것도 이러한 외교 체제에 기인한 것이며, 이를 '양속관계' 혹은 '이중구조에 의한 외교'라고 부르는 연유도 여기에 있다.

에도 막부는 조선과 우호관계를 유지하기 위해 이러한 조건을 받아들였다. 쓰시마 번에 모든 외교권을 위임하여 조선과의 외교·무역을 지행知行(다이묘의 영토)의 한 부분으로 인정한 것이다. 이는 막번체제이기 때문에 가능한 일이었다. 한편으로는 쓰시마 번 통제에 자신감을 보여주는 모습이라 판단된다.

이상과 같이 조선 후기 한일관계의 특징을 정리하면 첫째, 에도 막부에 대한 교린외교와 쓰시마 번에 대한 기미정책이라는 이중구조를 보였으며 둘째, 조선에서는 일본에 통신사를 파견하였지만 막부의 사절은 조선으로 파견되지 않은 '일방향 사절'이었다. 셋째, 무역의 경우 역으로 쓰시마 인들이 왜관으로 들어왔으나 조선 상인들은 일본으로 가지는 않았다. 쓰시마 상인들이 왜관에서 행하는 공무역은 조공무역 성격을 띠었다.

3

왜관의 이해

왜관의 위치와 구성

1867년에 작성된 『동래부사례』「왜관조」35를 보면 다음과 같다.

부산진에서 서남쪽으로 10리 떨어진 곳에 설문設門이 있다. 설문을 들어서서 고개를 하나 넘으면 수문守門이 있다. 수문 안으로 들어서면 곧 왜관倭館이다. 왜관은 본래 부산성 밖 5리에 있었는데 강희 무신년(1668)에 이곳으로 이전하여 수문을 설치하였다. 설문과 수문 사이에는 훈도 별차의 임소任所와 6처의 복병소가 있다. 복병소에는 두모 · 개운 · 서평 · 다대 · 서생 · 포이 등 6개 진에서 장졸 3명이 교대로 근무한다.

<〈그림 3〉 1872년 「지방도」의 「부산진도」 일부

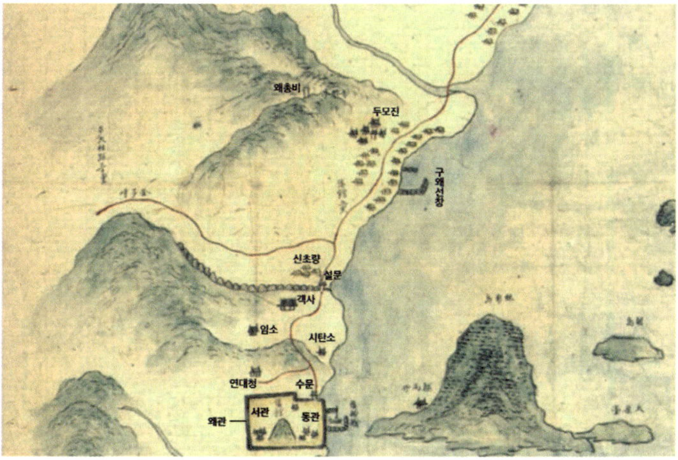

이러한 설명을 1872년에 만들어진 「지방도」로 확인할 수 있다.

지도 가운데 두모진豆毛鎭이 보인다. 이곳이 부산진에서 5리(약 2킬로미터), 왜관까지 5리다. 옛날 왜관이 있었던 곳이어서 두모진 선창 이름이 구왜선창舊倭船艙이라 적혀 있다. 두모진 왼쪽 산에 있는 왜총비倭塚碑는 왜인들의 무덤이다. 왜관의 일본인들은 1년에 두 번 설문을 벗어나 이곳에 참배할 수 있었다(2월 춘사일과 8월 추사일).

다시 길을 따라 서남쪽으로 계속 내려가면 신초량이 나오고 설문設門이 있다. 설문 좌우로 성벽과 같은 담장이 늘어서 있고, 설문을 지나면 일본 사신들이 숙배하는 객사와 훈도와 별차의 거주지인 임소, 그리고 왜관에 땔감을 공급하는 시탄소柴炭所가 있다. 언덕을 넘으면 일본 사신을 접대하는 연대청과 수문이 보인다. 이 수문을 들어서야 왜관이다.

왜관은 지금의 용두산을 경계로 서관과 동관으로 나뉘며 동쪽에 선창이 있고, 선창 너머로 절영도가 보인다. 왜관의 담장 둘레는 1,273보(약 2킬로미터)이며, 넓이는 10만 평에 달한다. 동관 3대청(관수가, 재판가, 개시대청)과 서관 3대청(6행랑 : 8송사왜 및 별차왜들이 거주함)은 조선 정부가 만들고 관리하였다. 그 외의 건물들(동향사, 통사왜가, 웅방, 대관왜가, 판장관왜가, 지장무왜가, 회계청, 의왜가, 금도왜가, 술집, 잡물상회, 술공장, 목수왜가, 약재무역가, 설탕가게, 뱃사공주인가, 떡집, 창고, 수검청, 포도고, 신당 등)은 일본인들이 관리하였다.

왜관의 무역

쓰시마 번주가 1868년 5월 메이지 정부의 외무성에 보고한 공무역과 사무역(개시무역)에 관한 내용이다.

무역에 공사公私 구별이 있습니다. 공무역은 송사선이 그곳에 도착할 때마다 납, 구리, 단목, 흑각 등의 물품을 실어 보내고 그 나라의 공목을 받아오는 것입니다. 1651년 서로 의논하여 공목 중 일부를 쌀로 바꾸었는데 이를 공작미라 합니다. (중략) 개시는 조선 상인들이 중국에서 들여온 비단, 조선 국내 산물 및 약재를 (왜관에 가지고 와서) 일본 물품과 교환하는데 그 이익은 상인들에게 돌아가므로 사무역이라 합니다. 옛날에는 그 이익이 평균 20만 량을 헤아렸으나 막부가 은 유출을 금지하고 구리 가격을 정한 후에는 쇠퇴하였습니다. 지금은 점차 증가하고 있는 추세이므로 금후 통상법을 잘 정하여 교역이 번영하기를 기원할 뿐입니다.

공무역은 8송사선(세견1선, 세견2선, 세견3선, 세견4선, 특송1선, 부특송사선, 이정암선, 만송원선)에 의한 무역으로 각 세견선歲遣船은 교환 품목과 물량이 규정되어 있었다. 쓰시마 번은 처음에 조선으로부터 공목 1,121동 44필에 해당하는 물품을 공무역으로 인정받았다(1동은 50필). 1651년에는 그중 400동을 쌀로 요구하여 공목 721동 44필과 공작미 16,000석을 받았다. 그 후 1801년 새로 약조를 맺어 공목 56동이 줄었고, 공작미도 공목 가격을 1필당 10두로 계산하여 공목 665동과 공작미 13,333석 5두로 약간 축소되었다. 공목을 쌀로 받은 세견선은 제1선, 제1특송선, 제2특송선, 제3특송선 등으로 각 3,333석 5두(공목 100동에 해당하는 쌀)를 받았다. 나머지 배들은 개시를 통해 쌀을 구입하였다. 이러한 공무역은 기존 외교체제가 붕괴되는 1872년까지 계속되었다.

사무역인 개시는 매 3일과 8일에 열렸다. 동래 상인들이 동래부의 패를 받고 물화를 가지고 수문에서 훈도와 별차 및 동래부 비장裨將의 수검을 받고 왜관으로 들어와 개시대청에서 거래를 했다. 왜관 대관소 상인들과 동래 상인들의 거래였다. 조선에서는 인삼 · 비단, 일본에서는 유황 · 구리 등을 주로 거래했으며 특별한 물품을 주문하기도 하였다. 하지만 이 개시는 기본적으로 자유로운 무역을 의미한 것은 아니었다. 왜관에 머무르고 있는 쓰시마의 사절과 대상인들의 필수품을 제공하기 위한 5일장의 의미를 가지고 있었다.

이 외에 매일 아침 가난한 백성(특히 신초량)들이 각종 먹을거리(야채, 생선 등)를 가지고 수문 밖에서 장사를 하는 조시朝市가 있었다. 수문장과 통사가 감시하고, 왜관에서는 금도왜禁徒倭가 나와 마찰이 일어나지 않도록 주의시켰다. 조시는 접대를 받지 못하는 일반 쓰시마 상인들과 뱃사공格倭들을 위한 것이었다.

왜관 입항 절차

『동래부계록東萊府啓錄』 6권과 8권을 보면 1869~1873년까지 5년간 왜관에 입항한 선박은 301척으로 연평균 60척을 기록하고 있으며, 입국한 일본인 수는 5,801명으로 연평균 1,160명에 달한다. 송환된 조선인 표류민은 246명으로 연평균 49명을 넘는다.

쓰시마에서 선박이 출발하여 조선 영내로 들어오면 다음과 같은 절차가 이루어졌다.

첫째, 정상 항로로 들어오는 선박은 황령산 봉군이 발견하여 부산첨사와 동래부사에게 보고하였고, 부산첨사는 두모포만호를 초탐장으로 파견하여 초탐장이 왜관으로 선박을 끌고 들어와 정박시켰다. 그러면 훈도와 별차가 문정問情을 하고 노인과 서계를 예조에 올려 보내 의정부와 삼군부에 보고하였다. 화륜선의 경우 포이포만호나 부산진 2전선장이 함께 나가 영접하고 경비하였다.

둘째, 북쪽(기장현)으로 항로를 이탈한 선박은 좌수영 소속 간비오봉 봉군이 발견하여 부산첨사와 수군절도사에게 보고하였다. 그러면 수군절도사는 좌수영 소속 전선戰船을 보내고, 기장현감은 독자적으로 판단하여 주사대장舟師代將을 보내어 주로 무지포에 예인·정박시켰다. 별차가 파견되어 정박지에서 1차 문정을 한 후 전선장과 주사대장이 인솔하여 정상 항로인 오륙도 근처까지 이동시켰다. 여기서부터는 개운포만호에게 호송을 위임하고, 개운포만호의 인솔로 왜관에 입항하여 훈도에게 정식으로 문정을 받았다.

셋째, 문정의 주된 내용은 노인 소지 여부, 승선 인원과 직책, 입항 이유 등이었다.

넷째, 표류민은 왜관에서 문정한 후 부산진으로 압송했다. 부산진에서 다시 취초取招를 하고, 동래부로 다시 압송하면 동래부에서는 표류를 금지하는 국법이 있음을 엄히 말하고 의복과 식량을 주어 원적지로 돌려보냈다.

다섯째, 동래부사는 훈도의 문정 결과를 기록한 수본手本과 노인, 서계, 별폭 등을 예조에, 입항 절차와 문정 내용, 그리고 표류민에 관련된 성책成冊, 화륜선 도본圖本 등을 의정부와 삼군부에 보고하였다. 경상좌수영 수군절도사 역시 입항 과정과 문정 내용, 화륜선 도본과 성책을 의정부와 삼군부에 보고하였으며, 동시에 방어체제의 과오를 검토하여 조치를 취하고 그 사실을 보고하였다.

왜관 입항 절차가 엄중하였음을 확인하는 것은 전환기 한일관계사를 이해하는 데 반드시 필요한 대목이다. 왜냐하면 기존의 연구가 이를 무시하고 마치 왜관을 일본 영토처럼 다루는 경향이 있었기 때문이다.

4

에도 막부의 개항과 '대외팽창론'의 대두

이제 막부 말기에 등장한 대외팽창론을 살펴보도록 하자.

1853년 미함대사령관 페리가 일본 우라가浦賀에 도착하여 미일 수호조약을 요청하자 에도 막부는 이에 대한 찬반 의견을 다이묘들에게 물었다. 이때 개항에 대한 다양한 의견이 제시되었고, 에도 막부 성립 이후 논의조차 금지되었던 해외 진출, 즉 대외팽창론이 분출되었다. 막부의 쇄국정책과 친조선 교린정책에 의해 억눌렸던 대외팽창론이 개항이라는 시대 변화에 따라 등장한 것이다. 페리의 내항과 막부의 질의에 대답하여 일부 사상가들이 국가를 지키기 위해서 쇄국은 타당하지 않으며, 오히려 조선과 만주를 경략해야 한다고 '대외팽창론'을 주장하였던 것이다. 이는 임진왜란을 의롭지 못한 전쟁이라고 규정하여 대외 팽창을 거부하고 쇄국을 국법으로 삼았던 시대가 종언을 고하고 있음을 알게 해 준다.

에도 막부 말기 존왕사상가로 조선침략론에 큰 영향을 준 사람은 요시다 쇼인吉田松陰이다. 그는 어려서부터 병학과 포술을 익힌 뒤 에도의 사쿠마 쇼잔佐久間象山에게 양학洋學을 배웠다. 1850년대 중반에는 개항장인 우라가, 나가사키, 시모다下田 등의 변화를 몸소 겪으며 부국강병과 해외 침략론을 주장하였다. 1854년에는 시모다에 입항한 미국 함선을 타고 밀항하려다가 쇄국의 국금을 어겨 투옥되었다. 그가 옥중에서 쓴 『유수록幽囚錄』에는 해외 진출에 대한 그의 생각이 담겨 있다.

해는 떠오르지 않으면 기울고, 달도 차지 않으면 기울듯이 국가는 번영하지 않으면 쇠퇴한다. 따라서 국가를 운영하는 사람은 지금의 영토를 잃어버리지 않도록 할 뿐만 아니라 영토도 늘려야 한다. 지금 시급히 무비武備를 닦아 군함과 대포를 만들어 즉각 에조(홋카이도)를 개척하여 제후로 봉하고, 틈을 보아 캄차카와 오호츠크를 빼앗고, 류큐를 타일러 제후로 만들고, 조선을 다그쳐 인질을 보내게 하여 옛 성사와 같이 조공하게 해야 한다. 북으로는 만주를 할양하고 남으로는 타이완, 필리핀의 여러 섬을 공격하여 점차 진취 기세를 보여야 한다.

그가 펼친 논리의 핵심은 서구 열강의 강력한 힘에 맞서지 말고 그들을 따르며 힘을 길러 아시아의 여러 나라들(만주, 사할린, 캄차카, 타이완 등)을 복속시켜 서구 열강에 빼앗긴 이익을 회복하자는 것이었다. 단지 조선침략론이 아니라 정복국가로의 의식 전환을 촉구하는 사상이었다. 그는 그동안 의롭지 못한 전쟁不義之擧이라고 평가되었던 도요토미 히데요시의 조선 침략을 신공왕후 전설과 아울러 일본의 국위를 빛낸 일로 찬양하였고, 에도 막부의 쇄국정책을 비판했다. 대신에 '도자마 다이묘들은 이를 받아들여' 대외 팽창을 구실로 군비를 갖추어 막부와 대결하고 그동안 막번정치에서 소외되었던 목소리를 찾고자 했다. 이러한 견해가 점차 일반 무사들에게까지 영향을 미치기 시작했던 것이며, 이는 이후에 전개되는 조선침략론의 원형이 되었다. 이를 '개항에 따른 대외팽창론'이라 한다.

그런데 이 논의에서는 기존 한일 간의 우호관계나 쓰시마 번에 대한 배려는 찾을 수 없다. 조선과 에도 막부가 오랫동안 외교 관계를 지속한 것도 관심 밖이다. 그들에게 대조선 외교는 쓰시마 번이 독점하였기 때문에 자신들과는 관계 없는 일이었고, 에도 막부의 외교는 비판 대상일 뿐이었다. 단지 도요토미 히데요시의 해외 진출에 대한 기억만이 중시되었다. 이 점이 당시 대외팽창론의 중요한 성격이다. 이 사상의 대두와 확산은 임진왜란의 전후 처리를 위한 합의(임진왜란에 대한 반성과 비판)가 붕괴되기 시작하고 있음을 보여준다고 할 수 있다.

제 2 장

에도 막부가 외교를 관장하게 되자

외교 전문가를 자처하던 쓰시마 번주의 위상은 크게 떨어졌고

개항장을 통해 값싼 외국 면제품이 들어오자

쓰시마 번의 상업망도 타격을 받았다.

한일 양국의 가교였던 쓰시마 번은 어떤 활동을 전개했을까.

에도 막부의
개항과
쓰시마 번

1

일본의 개항과 쓰시마 번

에도 막부의 개항과 더불어 '대외팽창론'이 여론으로 발생하였음은 살펴보았다. 그리고 이 대외팽창론이 기존의 한일관계나 쓰시마 번에 대한 배려가 없었음도 언급하였다. 이 논리에는 대외 팽창을 구실로 군비를 갖추어 막부와 대결하고 자기의 존재를 드러내고자 하였던 서남웅번西南雄藩의 포부가 담겨 있었던 것이다. 일본 열도는 점차 분열의 시대로 접어들었다.

이제 에도 막부의 개항이 한일 양국의 가교架橋였던 쓰시마 번에 어떠한 영향을 주었는지 살펴보겠다.

에도 막부 시절, 일본과 통교한 나라는 청, 네덜란드, 조선, 류큐

뿐이었다. 청과 네덜란드는 상인들을 통한 무역만을 인정하였으며 통상지국通商之國이라 불렀다. 외교 관계를 맺은 나라는 조선과 류큐로 통신지국通信之國이라 불렀다. 그런데 류큐는 사쓰마 번의 지배하에 있었으므로 실질적으로 통신한 나라는 조선뿐이었다. 따라서 쓰시마 번은 자신만이 유일한 외교 창구이며 외교 전문가라고 자임해 온 것이다.

그러나 개항 이후 에도 막부가 외국봉행外國奉行을 임명하여 외교를 관장하게 하자 외교 전문가를 자처하던 쓰시마 번주의 위상은 크게 떨어지고 말았다. 무엇보다 개항장을 통하여 값싼 외국 면제품이 들어오자 쓰시마 번의 상업망도 큰 타격을 받게 되었다. 조선과의 공무역이 조선의 공목을 주로 수입하고 구리를 수출하는 것이었는데, 서양의 목면이 개항장을 통해 수입되면서 이윤이 급감하였다. 실제 영토는 협소하면서도 10만 석의 가격家格임을 자부하고 이에 어울리는 무사단을 유지하였던 쓰시마 번은 실질적으로 파산상태에 몰리게 되었다.

일본의 개항은 순탄치 않았다. 우선 일본 조정이 조약에 대한 칙허를 거부하면서 조정과 막부의 대립이 표면화되어 막부의 권위가 실추되었다. 또한 쇼군의 후계를 둘러싸고 이에모치家茂를 옹립하려는 기이파紀伊派와 요시노부慶喜를 옹립하려는 히도쓰바시파一ツ橋派가 대립하였고, 안세이 대옥安政の大獄(1858~1859)을 거치면서 막부 내부 결속력이 크게 약화되었다. 1860년에는 난국을 극복하려던

이이 나오스케井伊直弼가 사쿠라다몬 밖의 변桜田門外の変으로 살해 당하며 미토水戸와 히코네彦根의 관계가 악화되어 막부 주도의 정치가 크게 흔들렸다. 이로써 막부의 분열은 더욱 심해졌으며, 서부 지역 다이묘들의 발언권은 상대적으로 강해졌다. 조정의 칙허를 받지 않고 개항 조약을 맺은 막부에 대한 비판 여론이 높아졌으며, 막부는 외롭게 개항정책을 추진하였다.

1861년 조슈 번長州藩은 '항해원략책'을 제안하여 막부의 개항을 지지하고 중앙정치에 개입하였다. 도자마外様 다이묘의 정치 개입이 금지되어 있었지만 고립되어 있던 막부로서는 조슈 번이 조정에 개항을 권하는 칙허를 요청하는 것이 여간 고맙지 않았다. 당시 조슈 번은 막부를 도왔다기보다는 막부에 맞설 수 있는 군비를 확보하기 위한 방책을 선택한 것이었다. 항해원략책은 앞에서 살펴본 대외팽창론이 발전한 것이었다. 이로 말미암아 조슈 번은 요코하마에서 증기선을 구입하여 국내 무역을 확대할 수 있게 되었다.

조슈 번주와 친척이자 거리상으로도 가까웠던 쓰시마 번주는 막부의 개항정책과 조슈의 '항해원략책' 그리고 조선무역 이윤의 급감이라는 태풍에 직면하여 생존 방법을 고민하게 된다.

2

쓰시마 번의 이봉 운동과 에도 막부의 외교 일원화 정책

막부의 개항정책과 조슈의 '항해원략책' 그리고 조선무역 이윤의 급감이라는 태풍에 직면하여 한일 양국의 가교였던 쓰시마 번은 어떠한 활동을 전개하였을까.

가장 주목되는 것은 이봉移封(영지를 바꾸는 것) 운동이다. 1861년 쓰시마 번은 쓰시마 개항을 전제로 에도 막부에 쓰시마 전토를 수용하는 대가로 규슈 땅 10만 석을 요구하였다. 이 사건을 한일관계사 측면에서 살펴보자.

제2차 아편전쟁 이후 연해주를 획득한 러시아는 1861년 포사드닉호 함장에게 블라디보스토크 항구에서 남하하여 청국의 개항장에 이르는 해로를 모색하게 했다. 포사드닉호는 동해를 남하하다가 선박 수리를 핑계로 쓰시마 아소만淺茅灣 우자키芋崎에 정박하고, 쓰시마 번주(소 요시요리)에게 군함 정박지를 은밀히 요구하였다. 이는 쓰시마 번에 큰 충격을 주었다. 쓰시마 번에서는 당시의 정세(에도 막부의 개항정책, 조슈의 항해원략책, 여론 등)를 보아 쓰시마에 개항장이 생길 것이라 판단하였다. 격론 끝에 막부는 개항장 일부 토지를 수용하려 하겠지만 결코 이를 받아들여서는 안 되며, 개항할 경우에는 쓰시마 전토를 막부가 수용하고 그 대가로 규슈 땅 10만 석을 요구해야 한다는 이봉 운동을 전개했다.

〈그림 4〉 러시아 함대가 정박한 아소만 우자키

대조선 외교를 담당하고 있었던 쓰시마 번이 땅을 바꾸어 달라고 요구한 것은 외교권을 막부에 반납해도 좋다는 의미였다. 이 계산법은 하코다테 개항 당시 에도 막부가 마쓰마에松前 다이묘에게 하코다테 땅 9천 석을 수용하는 대신 오우奥羽의 땅 3만 석과 금 18,000량을 더 주었던 것을 전례로 삼은 것이다.

쓰시마 번은 포사드닉호 정박과 정박지 요구라는 새로운 상황을 활용해 재정을 확보하고 한층 성장할 기회로 삼으려 한 것이다.

1861년 3월 쓰시마 번주인 소 요시요리宗義和는 니이 마고이치로仁位孫一郎를 에도로 파견해 이봉 운동을 전개하도록 지시하였다.

3월 28일　　　　　　　　　　　니이 마고이치로

위 사람은 에도 파견을 명받아 오늘 승선하므로 다음의 지침서를 내린다. 그 과정의 상세는 일기에 기록하라.

일찍이 영국인이 쓰시마를 조차租借하고자 할 때 이를 막부에 알리어 막부 노중들 사이에서는 그들의 뜻에 따르고자 하는 마음이 있었다는 소문도 있었다. 이번에 러시아 함장에게 비밀리에 들은 바로는 영국군이 다수의 군함을 보내어 쓰시마를 빼앗을 계획이라고 한다. (중략) 만약 그들이 오게 되면 막부는 아마도 아소만을 정박지로 빌려주겠다고 답할 것이다. 그렇게 되면 막부는 아소만 16개 마을만 수용하고 보상으로 규슈 땅을 우리에게 줄 것이다. 이렇게 되면 쓰시마에는 외국인이 들어와 여러 사건이 발생하여 우리로서는 결코 감당할 수 없게 된다. 그러므로 아소만이 개항될 경우 쓰시마 전토를 막부가 수용할 것을 요구하고, 보상으로 규슈 지역의 막부 영지 20만 석 중 10만 석을 요구하라. 이러한 요구가 과해 보이겠지만 최근 마쓰마에 다이묘가 홋카이도의 땅 9천 석을 막부에 수용당하며 보상으로 오우奥羽의 땅 3만 석 외에 금 18,000량을 더 받은 것을 보면 우리의 요구가 결코 과하다고 할 수 없다.(중략) 어쨌든 10만 석 영지를 받게 되면 다시로田代 · 이토怡土 · 마쓰라松浦의 땅 약 3만 석, 금장金藏(탄광)을 명목으로 막부에게 받은 4만 석, 무역으로 조선에게 얻은 이익 3만 석 등 모두 20만 석 내외가 되니 오히려 다행스럽다고 말할 수 있다.

쓰시마는 나가사키, 하코다테, 가나가와神奈川처럼 규슈 지역의 여러 다이묘들이 공동으로 경비할 것을 막부에 상신하자. 그러면 우리도 그 경비를 담당하게 될 터이다. 또 선조들의 무덤도 있으므로 쓰시마 8향八鄕 중 1향은 우리에게 남게 될 것이다. 그리고 부내(지금의 이즈하라)는 여러 대에 걸쳐서 경영해 온 곳이므로 우리 소유가 되게 할 방법이 있을 것이다. 또 조선과의 통신 임무를 (계속)하게 되면, 양 관소關所[사스나(佐須奈), 와니우라(鰐浦)]도 우리에게 올지 모른다. 이야말로 수백 년 동안의 소망이 이루어질 기회가 아닐 수 없다.(중략) 부디 이러한 뜻을 잘 상신하도록 하라. 쓰시마는 (규슈의 다이묘들이) 공동으로 경비하는 장소가 되도록 상신하는 방법 외에는 없다. 이제 막부에 상신하는 책임자들의 역할이 매우 중요하니 일치된 정신으로 막부에 관철시켜 구차하게 말하지 않아도 자연스럽게 이루질 수 있도록 지반을 단단히 굳히도록 하라.

『쓰시마 문서對州藩文書』, 3월 28일조

쓰시마 번의 이봉 운동을 보여주는 사료다. 밑줄 친 '수백 년 동안의 소망'이란 규슈 지역에 안정된 토지를 얻는 것이다. 이 지시를 받고 에도에 입성한 쓰시마 번의 무사들은 각 번의 저택을 순회하며 주선을 요청하고, 만일 막부가 요구를 들어주지 않는다면 러시아 함대와 전쟁을 벌이겠다며 엄포를 놓았다. 오후나고시大船越에서 발생한 사건은 좋은 구실이 되었다.

"막부의 개항정책 때문에 러시아 함대가 쓰시마에 정박한 것이며, 인명사고가 났으므로 무사들의 분노가 걷잡을 수 없게 커졌다. 이를 해결할 방법은 막부가 쓰시마 전토를 수용하는 것뿐이다."

쓰시마 번은 막부가 결단을 내리지 않으면 러시아와 전쟁에 돌입하겠다며 막부를 압박하였다. 일개 다이묘가 막부의 명령을 무시하고 전쟁을 일으킨다는 것은 막부의 권위를 심하게 훼손시키는 큰 일이었다. 이봉 운동은 점차 과격한 양상을 보이며 반막부 양이 운동의 구실이 되었다.

막부는 이 문제에 대해 적극적으로 대처하기 시작했다. 아울러 개항에 따라 외교 업무를 외국봉행이 담당하게 되었으므로 대조선 외교도 외국봉행이 담당해야 한다는 의견이 대두되었다. 외교 일원화 요구가 제기된 것이다. 막부는 이 기회에 대조선 외교와 무역까지 장악하는 방안을 강구하였다. 조슈 번의 항해원략책을 받아들인 막부 군함봉행 가쓰 가이슈勝海州도 비슷한 견해를 나타냈다. 효고兵庫항 개항 대신 쓰시마 개항을 서양에 제안하는 방안도 진전시켰다.

이러한 논의를 거쳐 막부의 노중 안도 노부마사安藤信正는 7월 13일, 쓰시마의 이봉을 내허內許하기에 이르렀다. 내허를 받고 쓰시마 영주는 8월 1일 이봉원서를 제출하였다. 막부는 쓰시마 수용을 위한 조사단을 파견하였는데, 그들은 9월 20일 쓰시마에 도착하였다. 막부가 쓰시마 전토 수용을 위해 조사단을 파견하자 쓰시마 번의 이봉 운동과 수용 과정을 둘러싼 수많은 이야기가 퍼져 나갔다. 아울러 기존의 대조선 외교 관계에 대한 관심과 비판 여론이 성장하게 된다.

1862년 2월(음력 1월 15일), 조사단 활동이 마무리될 무렵 막부의 노중 안도 노부마사가 피습당하는 사건이 발생했다. 이른바 사카시타몬 밖의 변坂下門外の変은 공무합체 운동[조정(公)과 막부(武)가 정치적 안정을 꾀하기 위한 협력]을 반대한 양이파들이 벌인 사건으로 이로 인해 안도 노부마사가 4월에 해임되었고, 막부의 권위는 더욱 흔들리게 되었다. 아울러 조사를 마치고 귀환한 관리는 쓰시마 전토 이봉에 부정적인 의견을 내놓았다.

쇄항을 단행하게 될 경우도 생각해야 할 것입니다. 그렇다면 (쓰시마의) 전토 이봉은 연기하고, (중략) 몇 촌락만 수용하여 각국 군함 정박장으로 허가하여, (중략) 대략 시모다下田를 개항했을 때에 준해야 할 것입니다.

『개국기원開國起源 III』, 360~364쪽

조사단의 보고는 쇄항 가능성을 고려한 토지 일부 수용안이었다. 그 배경에는 쇼군 이에모치家茂와 천황의 누이 카즈노미야和宮가 결혼했을 때 막부의 양이 약속, 안도 노부마사의 피습과 실각에 따른 막부의 동요가 작용했다. 이에 대하여 막부의 외국봉행들이 평의를 열어 찬성함으로써 쓰시마 번의 이봉 운동은 결국 좌절되고 말았다. 하지만 이를 기점으로 조선 후기 쓰시마 번을 매개로 한 한일 간의 외교가 막부 내부에서 검토되기 시작한 것은 주목할 만하다.

3

양이 운동의 전개와 원조 요구 운동의 변화

1862년 초, 쇼군 이에모치와 황녀 카즈노미야가 결혼하며 공무합체의 주도권은 천황가가 장악하게 되었다. 막부는 이 결혼의 대가로 10년 후에 양이攘夷를 하겠다고 조정에 약속했다. 이에 따라 막부는 각 번들이 방어를 위해 군함과 무기를 구입하는 것을 허락하거나 묵인하였다. 각 번들은 스스로를 지킨다거나 서구 열강의 침략에 대비한다는 명목으로 자립의 길로 나섰고, 일본 열도에서는 전국시대 같은 상황이 전개되었다.

1862년 3월 중순, 사쓰마 번의 시마즈 히사미쓰島津久光는 병사 1,000명을 이끌고 막부를 개혁하겠다며 상경했다. 막부의 히도쓰바시파와 기이파의 단합을 주선함으로써 사쓰마 번이 정치 일선으로 나가겠다는 뜻이었다. 이는 당시 히도쓰바시파 다이묘들을 추방한 상태에서 막부-조정-조슈 번이 연대한 것에 대한 불만의 표출이었으며 사쓰마 번이 소외되는 상황을 타개하기 위한 것이었다. 시마즈 히사미쓰는 막부와의 충돌을 각오했지만 막부는 의외로 상경을 막지 않았다.

히사미쓰의 상경 소식은 일본 열도를 뒤흔들었다. 막부 정치를 반대하는 다양한 세력들이 집결하여 존왕양이尊王攘夷(왕을 숭상하고 오랑캐를 배척함)를 내세워 교토로 모여들었다.

시마즈 히사미쓰는 조정과 웅번에 의한 막부 개혁을 목표로 하였으므로 데라다야寺田屋에서 존왕양이파들을 토벌하며 막부를 안심시키고 조정을 장악하였다. 그는 조정에 막부의 내분을 수습하고 개혁을 요구하는 칙서를 요청하였고 조정에서는 이에 부응하였다.

시마즈 히사미쓰는 조정의 칙서를 받든 특사를 대동하고 에도로 가 막부에 개혁을 요구하였다. 쇼군은 칙사를 접대하고 개혁으로 부응하였다文久の改革(분큐의 개혁). 그 결과 히도쓰바시 요시노부一橋慶喜는 쇼군 후견직, 마쓰다이라 요시나가松平慶永는 정사총재직으로 임명되었다. 이러한 정치적 성과로 사쓰마 번의 지위는 한층 높아졌으며 막부는 사쓰마 번을 무시할 수 없게 되었다. 또한 정치 세력들도 사쓰마 번을 중심으로 결집되어 막부-조정-사쓰마 번 연합으로 정치 흐름이 바뀌었다.

반면, 조슈 번의 항해원략책은 파탄이 나고 말았다. 조슈의 항해원략책은 개항을 거부하는 조정에 개국책을 설득하여 막부를 정치적으로 돕는 대신 막부로 하여금 조슈 번의 교역과 해외무역을 용인하게 하려는 전략이었다. 이는 막부의 개혁을 추구해야 한다는 당시의 여론과는 동떨어져 있었고, 따라서 '막부에 영합하여 자기의 이익을 추구하는 것'이라는 비판을 받았다. 같은 조슈 번의 다카스기 신사쿠高杉振作나 기도 다카요시木戸孝允까지도 이 정책이 여론의 지지를 얻지 못할 것이라고 비판하였다.

1862년 7월, 조슈 번은 방침을 일변하여 서양과 맺은 조약을 파기하고 서양 세력을 배척한다는 파약양이破約攘夷로 번론藩論을 바꾸었다. 이러한 극단적인 정책 변화는 조정을 장악하고 막부를 궁지에 몰기 위한 전략이었다. 조슈 번은 번론을 바꾸기 전에 천황의 의지를 먼저 확인하였고, 천황은 통상조약은 물론 화친조약도 인정하지 않는다고 답하였다. 이에 조슈는 자신들만이 천황의 뜻을 받드는 충신이라 선전하며 파약양이 외길을 주장하였다. 막부가 망해야 일본이 산다는 당시의 여론을 적극적으로 받아들인 것이며 개국에 두려움을 갖는 사람들이 많았던 것이 이러한 전략을 선택하는 배경이 되었음은 말할 나위가 없다.

그 결과 조슈는 다시금 정치력을 회복하였으며 존왕양이 과격파는 조슈 번을 중심으로 결집하여 일본 역사의 무대에 등장하게 되었다. 많은 무사들이 양이에 동참하며 막부의 개항정책을 성토하였다. 그들은 텐츄天誅라는 테러 행위를 통해 점차 세력을 확대해 나갔으며, 일본 열도는 '양이 시대'로 접어들게 되었다. 이제 존왕양이 과격파는 조정 내부에 깊숙이 자리 잡게 되었다.

조슈 번이 파약양이를 내세우고 존왕양이 과격파가 세력을 확대해 나가자, 개항을 전제로 성립된 쓰시마의 이봉 운동은 다시 도마 위에 오르게 되었다. 실제로 막부에서도 쓰시마 전토 이봉이 불가하다는 판단을 내리고 있었음은 앞에서 살펴보았다. 다만 막부는 반발과 부작용을 우려해 이를 쓰시마에 즉시 통보하지는 않았다. 앞서 살펴보았듯이 이는 쓰시마가 받아들일 수 없는 것이었기 때문이다.

쓰시마 번주 요시요리는 막부가 내허를 내린 이상 어떤 형태로든 보상이 따를 것이라고 믿었다. 그러나 당시 정보에 밝았던 무사들은 '양이 시대'에 개항을 근거로 한 이봉 운동은 실패할 것이라고 판단하여 대책을 호소하기에 이르렀다. 이미 무사들에게 봉급도 지불하지 못하는 파산 직전의 상태여서 다이묘의 권위는 나락으로 떨어져 있었다.

이때 일부 무사들은 조슈 번에 접근해 '양이 전쟁'을 상정하여 원조를 얻는 방안을 모색하였다. 양이 전쟁이 발생할 경우 쓰시마가 최전선이 되며, 쓰시마 문제는 일본 전체의 문제가 될 것이므로 쓰시마 전토를 막부가 수용하고 쓰시마 방비를 막부가 담당해야 한다는 여론을 일으키자는 전략이었다. 이 주장은 이봉 운동의 연장선상에서 등장한 원조 요구로, 개항에서 양이 전쟁이라는 상황만 바뀌었을 뿐 땅 10만 석을 요구하는 내용은 변화가 없었다.

1862년 9월 말, 쓰시마 번의 일부 무사들은 번주 소 요시요리의 명령을 무시하고 반막부 중심 세력인 조슈 번과 에도에서 동맹을 맺었다. 그들은 파약양이에 동참할 것을 약속하며, 조슈 번의 경제 원조를 주선받아 쓰시마 번의 경제난을 타개하려 하였다. 그러면서 16세의 소 요시아키라宗義達를 새로운 번주로 옹립하고 쓰시마 양이정권攘夷政權을 세웠다. 일종의 쿠데타였다. 번주 소 요시요리는 병을 이유로 은거했으나 사실은 이들의 강요에 의한 것이었다.

조슈의 입장에서는 '파약양이'의 노선에 쓰시마를 끌어들여서 세를 확장하고, 쓰시마 방어 문제를 막부 공격의 좋은 기회로 삼았던 것이며, 쓰시마는 방어를 핑계로 대량 원조를 요구할 수 있었다. 조슈가 '파약양이의 외길'을 주장하여 일본 열도의 주목을 받으면서 쓰시마도 함께 주목받게 되었다. 조슈와의 동맹 체결을 담당하였던 쓰시마의 무사들은 '양이攘夷의 지사志士'라고 평가받기도 하였다.

양이 세력은 조슈 번을 중심으로 쓰시마 번의 주장을 지지하며 막부를 공격하였다. 이와 함께 조정에도 적극적으로 공작을 펼쳐 마침내 1863년 1월 쓰시마 번에 양이 단행 칙서와 회답서가 내려졌다. 정말 대단한 일이었다. 조정이 일개 번에 칙서를 내렸다는 것만으로도 당시 커다란 화젯거리가 되었다.

서구 열강이 쓰시마를 공격한다는 소문까지 무성해지며 더 이상 쓰시마는 한일관계의 변경이 아니라 양이 전쟁의 최전선으로 일본 전체의 문제로 접근해야 한다는 여론이 거세졌다. 쓰시마 번 무사들은 조정의 칙을 앞세워 각 번의 주선을 요청하였고 반막부 양이파 무사들 사이에 쓰시마 원조를 둘러싼 토론이 벌어졌다. 이미 막부는 양이를 실행하겠다고 조정에 약속하였기 때문에 이들을 토벌하거나 제어할 수 없었다.

막번체제의 전통적인 관념으로는 쓰시마 번 방어는 쓰시마 번주가 담당하고 인근 번들이 협조하는 것이 마땅하다. 따라서 멀리 떨어져 있는 막부가 쓰시마 방어를 담당하는 것은 논리적으로 맞지 않았다. 하지만 막부 내에서는 막부의 권위를 유지하고 양이 세력의 공격을 회피하기 위해서라도 이를 받아들여야 한다는 의견이 제기되었다.

1863년 4월, 노중 이타쿠라 카츠키요板倉勝静는 쓰시마 번에 원조를 결정하고, 「조선국체정탐색지내명朝鮮國體情探索之內命」을 내렸다.

양이의 기한이 결정되어 쇄항 담판이 이루어질 경우 서양 오랑캐들이 조선으로 건너가 가옥을 세운다는 소문도 있는 바, 조선은 오랜 우호관계가 있으므로 원조하기 위해 출장하여 서양 오랑캐의 근거지를 없애고, 때에 따라서 병위를 보여 복종시켜야 할 것이지만 쓰시마가 원래 병식이 부족하므로 군량미를 확보하고자 하는 뜻을 전달받았다. 양미 수당으로 쌀 3만 석을 매년 세 차례에 나누어 지급할 터이니, 방어 준비를 확실히 하고 국력을 다하여 국위를 해외에 빛낼 수 있도록 하라. 만일 효과가 없을 경우 달리 조치할 것이니 명심하라. 또한 무기, 기계 등을 대여해 달라는 뜻은 받아들이나 당장 무기가 별로 없으므로 다음에 주도록 하겠다. 또한 쓰시마 번의 질서를 바로잡는 일은 막부도 지시하겠지만 조슈 번주에게도 말해 둘 터이다. 양미를 받는 일은 간초부교勘定奉行와 의논하라.

『조선사무일건朝鮮事務一件 4』, 939쪽

비록 수세에 몰린 막부의 결정이었지만 결코 무익한 원조가 아님을 표방한 것으로 1861년 안도 노부마사가 쓰시마 이봉을 허락하였던 것과 마찬가지로 훗날 조선에 대한 외교·무역 권한을 장악하기 위한 수순이었다.

실제로 막부는 1862년 영국으로부터 구입한 수송선 마사미츠마루昌光丸를 쓰시마 번에 대여해 주고 가쓰 가이슈를 파견하였다. 막부 역시 조선을 복속시킬 웅지를 갖고 있음을 내부에 천명함으로써 막부 비판을 선제적으로 봉쇄한 것이었다. 조선과 아무런 외교 갈등이 없었음에도 불구하고 내정을 안정시키기 위해 조선에 대한 잘못된 정보가 사실인 것처럼 일본 열도에 여론으로 스며들게 하였다. 즉 쓰시마를 원조하는 이유를 정당화하기 위해 조선의 위기가 언급된 것이다. 흔들리는 내정 속에서도 군사적 강국으로서의 자신감이 보인다.

다음 달, 내허를 받은 쓰시마 번은 어린 번주의 이름으로 원조 요구원을 제출하였는데 이것이 바로 '정한론征韓論 원서'이다.

4 쓰시마 번의 조선진출론과 원조 요구 운동

여기서 '에도 막부 말기의 정한론'이라고 알려진 쓰시마 번의 원서를 검토해 보아야 하겠다.

1863년 5월, 막부가 쓰시마 방어를 위해 3만 석을 원조하겠다고 내허하자, 쓰시마 번은 어린 번주의 이름으로 원조요구원을 제출하였다. 주목해야 할 것은 쓰시마 번의 위기가 아니라 조선의 위기가 강조된 부분이다.

…그중 가장 침식寢食을 불안하게 하는 것은 조선에 서양 오랑캐들이 도래하여 토지를 빌리고 가옥을 설치하여 오래 머무르고자 한다는

말도 있습니다. …원래 겁이 많고 게으르며 유약한 한인韓人들은 제대로 싸워보지도 못하고 몇 년 지나지 않아 그들의 관할에 들어갈 것입니다. 일본이 양이를 단행하면 그들(서양)의 불만이 조선을 향하게 되어, 조선을 (침략하여) 교두보 삼아 일본 각 지역을 약탈할 것이므로 이는 쓰시마만의 문제가 아니라 일본에 큰일입니다. …그러므로 퇴수책退守策을 버리고 진전책進戰策을 세워 서양 오랑캐가 조선에 침입하기 전에 책략을 세워 신군神君(도쿠가와 이에야스) 이래 200여 년의 화교和交(신의로써 조선을 원조한다는 뜻)로 복종시키고, 만일 복종하지 않을 때는 병위兵威를 보여야 합니다. 이때 임진 일거와 같이 명분 없다는 말을 듣지 않도록 해야 합니다.

『오시마가 문서大島家文書』 중「어원서사御願書寫」

원서의 내용은 '내허'의 내용을 보충하고 확인하는 형태를 취한다. 막부의 입맛에 맞게 막부가 원조를 하는 것에 대한 정당성을 확인해 주는 절차다. 조선과의 외교를 담당해 왔으며, 조선의 현실에 대해 유일하게 잘 알고 있는 쓰시마가 공식적으로 조선이 위험에 처해 있으며, 조선이 침략당하면 일본이 위험하다고 선동하고 있다. 이는 원조를 받기 위해 막부의 견해와 여론을 받아들인 정치적 언사였고 객관적 사실 여부와는 상관이 없었다. 특히 병위를 보이되 임진왜란과 같이 명분 없는 전쟁이라는 말은 피해야 한다는 전문가다운 견해까지 첨부하였다. 더 나아가 서구 열강이 조선을 침략하기 전에 일본이 조선을 복종시켜야 하며, 이것이 도쿠가와 막부의 정신에 일치한다는 주장마저 펼쳐 자신들의 원조 요구에 정당성을 부여하였다. 개항 직후 조선과의 기존 외교 관계에 대한 아무런 배려가 없었던 '대외팽창론'과 비교하면 그 차이가 두드러진다. 쓰시마의 이봉 운동과 원조 요구 운동을 통해 대외팽창론이 기존의 외교 관계와 접점을 찾아가고 있음을 알 수 있고 동시에 기존 외교 관계에 대한 오해가 발생하는 계기가 되고 있다.

외교는 내부의 분란을 해소하는 수단으로 이용되기도 한다. 막부는 위와 같은 인식을 공유함으로써 내부 분란을 해소하고자 하였고, 쓰시마 번에 10만 석 원조를 결정하였다. 우선 10만 석의 1년조에 해당하는 3만 석의 수당을 지급하였다. 3만 석은 쓰시마 번의 1년 수입(예산)에 해당되었다. 막부는 쓰시마의 요구를 전부 들어줌으로써 반막부 운동을 차단하고 외교 일원화를 도모하려 한 것으로 판단된다.

한편, 이에 앞서서 1862년 8월 시마즈 히사미쓰 행렬이 에도에서 귀국하던 중, 나마무기촌生麦村에서 영국인을 참살한 사건이 있었으며, 정치력을 회복한 조슈는 안세이 대옥 이후 처벌을 받은 사람들을 사면하라는 칙서를 받아내어 이를 막부에 전달하였다. 막부가 이를 받아들임으로써 '양이'는 대세가 되었다. 12월에는 양이파 무사들이 영국 공사관을 습격하였다. 그야말로 '양이의 시대'가 전개된 것이었다. 1863년 3월에는 천황이 쇼군을 대동하여 신사에 참예하여 양이를 기원하는 행사를 열었으며 1863년 5월 10일(음력)을 기해 조정에서 양이를 단행하라는 칙서가 전달되었다.

조슈 번은 5월 10일(양력 6월 25일), 기다렸다는 듯이 시모노세키에서 서양 선박들을 공격하였다. 이때 조슈 번은 막부의 허가를 구하지 않았으며, 의향도 묻지 않았다. 한마디로 막부의 권위를 짓밟은 행동이었다. 이후 7월 서구 열강의 반격에 조슈 정규군이 패하자 다카스기 신사쿠는 이를 기회로 기병대를 조직하였다. 8월에는 나마무기 사건에 대해 영국 함대가 가고시마를 포격하였다. 조슈와 사쓰마가 서양과 전쟁을 벌이자 막부는 곤란에 처하였다. 막부의 태도에 대해 많은 사람들이 분노를 표출하였고, 양이 운동은 걷잡을 수 없이 확대되어 갔다.

양이 과격파가 조정의 실권을 장악하자 천황은 사쓰마 번에게 이들을 추방할 것을 요청했다. 1863년 8월 18일, 아이즈 번會津藩과 사쓰마 번 병사들이 궁궐 문을 장악하고 출입을 통제하며 8·18정변을 일으켰다. 조정은 양이 불가를 결정하고 조슈 번 무사들의 입경入京을 금지하였으며, 존왕양이 과격파 공가公家들을 추방하였다. 비록 조슈 번 무사들과 양이파 공경들을 조슈 번으로 쫓아내기는 했지만 온건파와 양이파의 대립은 지속되었다.

1864년 6월, 교토의 이케다야池田屋 여관에 모인 약 30명의 존왕양이파를 치안조직인 신센구미新選組가 기습하는 이케다야 사건이 발생했다. 조슈 번은 양이파 무사들의 학살에 저항하여 1864년 7월 기병대와 유격대를 이끌고 상경하여 궁궐 외곽 하마구리蛤 문을 지

키고 있던 아이즈 · 사쓰마 병사들과 전쟁을 벌였다. 긴몬의 변禁門の変이라 불리는 이 전쟁은 교토의 28,000호가 소실될 정도로 치열한 전투였다.

막부는 양이파의 선봉을 자임하는 조슈 번을 정벌하겠다고 조정에 칙을 요구하였다. 그러면서 '허가 없이 마음대로 서양 선박을 포격하여 국가를 위기에 빠뜨린 것, 이를 힐문하러 내려보낸 막부 관리들이 의문의 죽음을 당한 것, 긴몬의 변을 일으켜 교토를 불바다로 만든 것 등' 조슈 번의 죄상을 열거하였다. 조정은 조슈 번을 토벌하라는 칙을 내렸다. 조슈 번이 정벌의 대상이 됨에 따라 양이 전쟁을 근거로 이루어졌던 쓰시마 번의 원조는 다시금 근거를 상실하고 말았다.

1864년 9월 조슈 정벌군이 조슈를 향해 내려오고 있을 때, 4개국 연합함대가 시모노세키를 포격하였고 패배한 조슈는 4개국 연합함대와 강화조약을 맺었다. 뒤이어 조슈에서는 탄압을 받고 있었던 반대파가 세력을 회복하여 과격파를 처벌하고 막부에 항복 공순을 약속하였다. 양이파의 지도자 스후 마사노스케周布政之助는 자결하였으며, 3가노家老가 참수되었다. 이로써 제1차 조슈 정벌은 성공리에 종결되었다. 그러나 정벌군이 회군하자 12월 다카스기는 기병대를 비롯한 제대를 수합하여 조슈의 정규군을 격파하고 무력으로 번의 권력을 장악하였다. 다지마에 피신하였던 기도 다카요시가 돌아와 용담역에 취임하여 다시금 막부와의 군사 대결에 대비하였다.

다시금 일본 열도에는 내란의 불씨가 피어오르고 있었다.

1864년 12월, 쓰시마 번에 다음과 같은 막부의 결정이 전달되었다.

> 작년(1863)에 양이가 결정됨에 따라 쓰시마 경비를 위한 (원조 요구) 원서가 있었고, 또 모리毛利(조슈 번주) 대선대부로부터도 여러 건백이 있어서 양미 수당으로 쌀 3만 석을 매년 지급하여 쓰시마 치안을 막부가 보살펴 주었으며, 대선대부에게도 (쓰시마를 원조하라고) 명령을 내렸다. 그 후 대선부자가 역모를 일으켜 이미 주벌誅伐 명령이 내려진 바, 쓰시마 번 치안에 대해서는 (막부의 3만 석 원조를 중단하고) 다시금 대책을 강구할 것이다. 그 뜻을 명심하기 바란다.
>
> 『조선통신사무일건朝鮮通信事務一件』, 943쪽

막부는 쓰시마 번에 대한 원조는 중지하기로 결정하였지만 대조선 외교·무역을 장악해야 할 필요성은 인식하고 있었기 때문에 대책을 다시 강구하겠다고 여운을 남겼다.

제1차 막부·조슈 전쟁 당시 쓰시마 번에서도 내홍이 일어났다. 조슈 번과 동맹을 맺었던 양이파 무사들은 조슈 번을 지원하여 막부와 싸울 것을 주장하였다. 이는 경제 원조 요구가 조슈 번의 주선과 협조로 이루어졌으며, 그 과정에서 조슈·쓰시마 동맹을 통해 맺어진 맹약이 성립되었기 때문이었다.

하지만 이들의 요구는 막부와의 정면 대결을 의미하는 것이며, 조슈 번 정벌의 칙이 내려진 상황에서 조슈 번을 지원하는 것은 조정의 적이 되는 일이었다. 자립 기반이 없는 쓰시마 번이 감당할 수 있는 것이 아니었다. 쓰시마 번주는 이들의 요구를 각하하고 중립을 취하도록 수차례에 걸쳐 명령했다. 하지만 양이파 무사들은 탈번脫藩이라는 극단적인 행동을 취하며 조슈 번과 같이 싸우고자 하였다.

1864년 11월, 조슈 번이 항복하고 막부가 승리하자 막부는 조슈 번을 지원한 쓰시마 번 무사들을 처벌할 것을 강력히 요구하였다. 쓰시마 번으로서는 막부의 요구를 무시할 수 없었다. 그리하여 번주 소 요시아키라는 외삼촌인 가쓰이 고하치로勝井五八郎를 내세워 이들을 축출하고 막부에 공순을 표하였다. 이를 갑자의 변甲子の変이라 부른다.

제1차 막부 · 조슈 전쟁은 막부의 불완전한 승리로 끝났다. 항복한 조슈 번에서는 기도 다카요시와 다카스기 신사쿠가 권력을 장악하면서 막부와의 결전을 준비하였고, 규슈에서는 다이묘들이 연합하여 막부와 대항해야 한다는 여론이 조성되었다.

1865년 2월, 규슈의 쓰시마령領인 다시로田代의 무사들은 규슈에 고조된 양이 분위기를 이용하여 쓰시마의 번론을 뒤집고자 했다. 그중에서 히라다 오에平田大江는 진의대盡義隊를 조직하여 무력으로 쓰시마를 장악하고자 규슈의 여러 번들에게 원조를 구하였다.

"지금 가쓰이 고하치로 등이 막부의 뜻을 받들어 근왕파 무사들을 탄압하고 있다. 이를 내버려 두면 다른 번에서도 이와 같은 탄압이 일어날 것이 불을 보듯 뻔하다. 가만히 당하기보다는 즉시 병사들을 이끌고 쓰시마로 가서 번론을 회복하자."

쓰시마 번의 내분은 다시금 일본 열도의 주목을 받았다.

1865년 3월 20일, 공경 산조 사네토미三條實美의 사자와 치쿠젠築前·사쓰마·조슈·키요스에淸末·오무라大村·히라도平戶 등 여러 번의 사자들이 쓰시마 문제를 해결하기 위해 한자리에 모였다. 이때 쓰시마 번을 대표한 인물은 조슈 번과의 동맹에 앞장선 히구치 겐노스케樋口謙之亮였다. 쓰시마 번주는 결국 이들의 압력에 굴복하여 1865년 5월 1일 밤 가쓰이 고하치로 등을 처벌하였다.

쓰시마 번의 정세가 막부에 보고되자 감찰大監察, 小監察들은 쓰시마 번 원조를 강하게 반대하였다.

"쓰시마 번의 국론은 격도激徒들이 장악하고 있으므로 쓰시마에 양미를 원조하는 것은 적에게 양미를 건네주는 것과 같다."

쓰시마는 원조 없이는 존립할 수 없는 구조였기 때문에 다시금 어려움에 처하게 되었다. 그리하여 막부에 대한 충성이 변함없음을 강조하고 경제적 어려움을 토로하며 원조를 계속해 줄 것을 탄원하였다. 1865년 9월, 오시마 도모노조大島友之允가 보낸 원조 요청 탄원서를 보면 그 절박함을 알 수 있다.

(전략) 2년 전 봄(1863년)에 쓰시마의 흥폐는 일본의 영욕과 관계되므로 이 기회에 쓰시마의 군비軍備를 갖추는 것을 일본의 공론公論으로 해 주시고, 조선을 통한 상업 이익에 기대하지 않고도 병식을 갖출 수 있도록 함으로써 국위를 더럽히지 않도록 영단을 내려주십사 탄원을 올린 바 있었습니다. 그 후 쇼군께서 상락上洛(교토에 올라옴)하셨을 때 그토록 원하였던 3만 석 원조를 고맙게도 받게 되어 특은에 힘입어 쓰시마 경영부터 병비 수당에 이르기까지 해소할 수 있었습니다.

올 봄부터 쓰시마에서는 여러 가지로 어려움이 있어 번주를 비롯한 모든 백성들이 통심하는 바가 큽니다. 현재 여러 번의 사자들도 돌아갔고, 표면상으로는 진정을 되찾은 듯이 보입니다. 그러나 언젠가 그 뿌리를 뽑지 않으면 후환이 계속될 것입니다. 번 내에 위급함이 닥쳐 백성들의 생명에도 관계되는 곤란함은 내부의 수당을 제대로 확립하지 못하는 바에서 시작되어 치안 유지를 제대로 못하는 바에 기인합니다. 그런데 지금처럼 원조가 미루어지면 망도妄徒들이 선제공격으로 나서게 될 것이며, 어떠한 분란이 발생하게 될지 두렵습니다. (중략) 거듭 10만 석의 석대인 3만 석을 신속히 지급해 주실 것을 부탁드립니다. 그리하면 급히 병식과 수당을 해결하고, 신속히 분란의 뿌리를 뽑아 후환이 없도록 하여 일본의 국욕國辱이 되지 않도록 엄중히 조치하겠습니다. (후략)

『오시마가 문서大島家文書』 중 「어주선방일기御周旋方日記」

위의 내용을 보면, 쓰시마 번이 경제 원조를 받게 된 이유가 조선 무역에 의존하지 않고도 병식兵食을 해결하여 일본의 국위를 손상하지 않기 위함이라는 인식이 있다. 원래 원조를 받게 된 이유가 양이 전쟁을 상정하고 경비를 위한 것이었는데 점차 일본 국위의 문제로 변화되고 있음이 주목된다. 일본의 국위를 빛내는 것이 당시 여론의 화두였음을 알 수 있다. 또한 쓰시마 번의 내분으로 원조가 중단(지연)된 것이므로 신속히 재개되지 않으면 분란이 심각해질 것이며, 원조를 재개해 준다면 분란을 단절하고 국위를 손상시키지 않겠다는 다짐을 밝혔다. 흥미로운 점은 역사적으로 오시마 도모노조는 양이 지사로 평가되고 있지만 이 단계에서는 막부에 원조를 요청하며 양이파의 뿌리를 뽑아내겠다고 다짐하고 있다.

1865년 11월, 막부는 쓰시마 번의 탄원을 받아들여 쌀 5,000석을 다시 지급할 것을 결정하였다. 그러자 쓰시마 번은 이에 부응하며 히라다 오에를 비롯한 양이파들을 숙청하며 막부에 충성하였다.

이에 앞서 1865년 8월, 사쓰마 번 명의로 구입한 미니에 소총 4,000자루가 조슈 번에 도착하였고 사쓰마 번과 조슈 번의 관계가 급격히 가까워졌다. 영국과 전투(1863년 7월)를 벌인 사쓰마와 4개국 연합함대와 전투(1864년 8월)를 벌인 조슈가 힘을 합해야 한다는 여론이 영향을 주었다고 생각된다. 뒤이어 1865년 9월에 제2차 조슈 번 정벌의 칙이 내려지자 사쓰마 번은 이를 무시하였다. 오히려 사쓰마 번의 오쿠보 도시미치大久保利通는 "의롭지 않은 칙은 칙이 아니다."라고 선언하며 1866년 1월 조슈 번과 동맹을 맺었다.

1866년 6월, 드디어 제2차 막부 · 조슈 전쟁이 발발하였다. 막부군은 15만 명이나 되는 대군이었지만 4,000명의 조슈군에게 처음부터 패주하기 시작하였다. 전쟁에 임하는 자세와 훈련, 그리고 무엇보다 화력 차이는 전쟁의 결과를 쉽게 가름했다. 패전 소식이 전해지는 와중에 쇼군 이에모치가 병사하였다. 1866년 9월, 카토쿠家督를 이어받은 요시노부는 철병을 명하였다. 그는 쇼군직을 고사하고 사태 수습에 전념하는 태도를 보이다가 고메이孝明 천황의 신임을 충분히 확인한 후 12월에 취임하였다.

5 도쿠가와 요시노부 시대의 쓰시마 번

1866년 12월, 도쿠가와 요시노부德川慶喜 막부가 성립되자 노중 이타쿠라 카츠키요는 쓰시마 번에 다음과 같이 하달하였다.

조선국을 상대하는 것에 대해서는 일찍이 규칙이 있었겠으나 지금부터는 변혁할 터이니 그 뜻을 잘 받아주기 바란다. 모든 격식은 옛날의 격식에 따르지 않고 지금의 상황을 잘 살피어 다른 외국에 준하여 더욱 신의를 세울 수 있도록 하라. 나아가서는 이정암윤번제以酊庵輪番制를 폐지하며 별단의 역인을 파견할 터이니 명심하라.

『어가기편집재료御家記編輯材料』 중 「공의피앙상公儀被仰上」

이는 대조선 외교를 막부가 직접 하겠다는 선언이었다. 1861년 쓰시마 번의 이봉 운동에서 촉발된 직접 외교 구상이 좀 더 현실감을 갖게 된 것이다. 막부가 조선과의 외교 관계에서 옛날의 격식을 따르지 않겠다고 선언한 것은 기존의 조선과의 관계에 대한 비판을 해소하기 위한 수순으로 장기 계획이었고, 조선의 동의가 필요한 사항이었다. 막부의 사절 파견도 이러한 계획을 달성하기 위한 방법이었다고 판단된다. 쓰시마로서는 원조는 획득하되 조선과의 직접 외교는 어려울 것이라고 은근히 방해하였다. 결과적으로 이정암 윤번제를 폐지하고 외국봉행을 파견하지 못한 것은, 이후 조선과의 관계에서 쓰시마의 재량권이 더욱 확대되는 결과를 가져와 변혁기 양국의 소통을 방해하고 갈등을 확대시켰다는 점에서 주목할 필요가 있다.

막부는 조선에 병인양요가 발생했다는 소식을 접하고 지금이야말로 대조선 외교를 장악할 적기라고 판단하여 사절 파견을 계획하였다. 그러면서 1867년 2월 외국봉행 히라야마 요시타다平山敬忠를 쓰시마 번에 파견하여 대조선 외교 사무를 인수하고, 상황에 따라 조선에 도항하여 프랑스와 조선 관계를 주선함으로써 외교적 지위를 끌어올리려 준비하였다.

그러나 사절 파견은 순조롭게 이루어지지 않았다. 막번체제 말기 막부는 국정을 효과적으로 집행할 힘을 상실한 상태였다. 게다가 쇼군 요시노부를 지지하였던 고메이 천황이 급사하며 막부에 큰 타격을 주었다.

1867년 8월, 토막파討幕派는 무력으로 막부를 타도할 준비를 갖추게 된다. 사절이 출발하기 전인 1867년 10월 14일, 도쿠가와 요시노부가 통치권을 조정에 반납하는 대정봉환大政奉還을 신청하였다. 여기에 사쓰마 번의 고마쓰 다테와키小松帶刀와 도사 번土佐藩의 고토 쇼지로後藤象二郎가 찬동하였다. 막부 타도를 내세웠던 사쓰마 번이 여기에 찬성한 것은 막부의 양보를 충분히 얻어내려는 전략이었다. 반면 도쿠가와 요시노부는 다이묘 연합정부를 만든다면 도쿠가와 세력이 실권을 장악할 수 있다고 판단하였던 것이다.

하지만 대정봉환이 상신된 날 '적신賊臣 도쿠가와 요시노부를 진륙殄戮하라'라는 밀칙이 사쓰마 번주와 조슈 번주 앞으로 내려졌다. 최근에서야 이것이 위조된 밀칙이었음이 밝혀졌지만 당시로서는 엄청난 사건이 아닐 수 없었다. 권모술수가 정치에서 얼마나 중요한지 새삼 일깨워주는 대목이다.

1867년 12월 9일, 궁궐을 장악한 토막파는 왕정복고를 선언하고 쿠데타를 일으켰다. 이들은 쇼군 도쿠가와 요시노부를 퇴위시키고, 막부와 섭관攝關이 연대할 수 없게 단절시켰다. 그리고 총재·의정·참여 등 3직을 두고 참여에 위의 5개 번 무사들을 3명씩 임명하고, 사이고 다카모리西鄕隆盛, 오쿠보 도시미치, 이와쿠라 도모미岩倉具視, 고토 쇼지로後藤象二郎 등이 실권을 장악하였다. 이로써 막부는 폐지되고 임시혁명정부인 신정부가 세워졌다.

신정부는 도쿠가와 요시노부에게 사관납지辭官納地, 즉 내대신들의 사직과 영지領地 · 영민領民을 반환할 것을 요구하였다. 한마디로 무조건 항복을 종용하였다. 그러자 막부는 1868년 '사쓰마 번 토벌의 표討薩之表'를 작성하며 오사카에서 병사 15,000명을 일으켜 교토 후시미伏見와 도바鳥羽로 진격하였다. 그러자 토막파의 사쓰마 번과 조슈 번은 4,500명의 정예군으로 대항하였다. 드디어 보신전쟁戊辰戰爭의 서막이 열린 것이다.

전투는 초반부터 삿초薩長(사쓰마 번과 조슈 번)군이 막부군을 일방적으로 몰아붙이며 허망하게 끝나고 말았다. 싸움에 패한 도쿠가와 요시노부는 오사카를 겨우 탈출하여 가이요마루開陽丸를 타고 에도로 도망쳤다. 기세가 한껏 오른 토막파는 천황의 칙을 얻어 요시노부 추토령을 받아내었고, 대총독 아리스가와노미야 다루히토 친왕有栖川宮熾仁親王의 동정군東征軍이 요시노부와 관련된 모든 것들을 없애기 시작했다.

1868년 1월에는 서부 · 중부 지역의 여러 번들을 무저항 상태로 제압하고, 막부령이나 조정의 적으로 지목된 다이묘들의 영지는 신정부 직할지로 흡수하였다. 1868년 3월 중순에는 사쓰마 · 조슈 · 도사 등 세 번을 중심으로 하는 1만여 명이 에도성을 공격하여 요시노부에게 항복을 받아냈다. 동정군 참모장 사이고 다카모리와 막신 가쓰 가이슈는 회담을 통해 에도성 공격을 중지하는 데 합의하고, 도쿠가와 종가를 존속시키며, 요시노부의 사죄死罪를 철회하고 미토水戶에 근신하게 한다는 관대한 처벌로 회담을 마쳤다. 동정군이 1868년 4월에 에도성에 무혈입성하며 에도 막부는 역사에서 사라지고 말았다.

보신전쟁이 발발하였을 때, 쓰시마 번은 관군으로 참여하려고 하였으나 도움이 되지 않는다며 무시당했다. 하지만 조슈 번의 기도 다카요시의 주선으로 겨우 참여할 수 있었고 덕분에 승자의 편에 설 수 있었다. 하지만 재정난은 여전히 심각하여 무기 근대화는 꿈도 꿀 수 없었고, 무사들의 봉급도 지불할 수 없는 어려운 상황이었다. 에도 막부 멸망과 함께 히라야마를 조선에 사절로 파견하는 명령도 자연스럽게 소멸되고 말았다.

이제 메이지 정부 성립 후 쓰시마 번의 정치적 입장과 왕정복고를 알리는 대수대차사大修大差使를 따라 왜관에서 어떠한 외교 문제가 발생하였는지 살펴보자.

제 3 장

에도 막부가 멸망하고 메이지 정부가 성립되었다.
쓰시마 번은 대조선 외교 전문가임을 강조하며 외교와 무역을
지속하려 했지만 폐번치현이 이루어지며 소멸되었다.
신정부는 외교 일원화를 추진하며 왜관을 접수하였고,
조선 국정을 탐색해 조선 침략을 준비하였다.

메이지 유신
이후의 쓰시마 번
그리고 왜관

1

메이지 정부의 수립과 '구폐'로 간주된 한일관계

1867년 12월 9일, 왕정복고의 대호령大号令으로 메이지 정부가 성립되었다. 그동안 양이를 표방하였던 신정부는 서구 열강들의 지지를 얻기 위하여 한 달 만인 1868년 1월 17일 외국과의 화친을 국내에 포고하였다. 그러자 서구 열강들은 이에 화답하여 1868년 1월 25일 서양 6개국 국외 중립을 선언하였다. 양이에서 개국으로 전환하는 모습은 이렇게 간단했다.

신정부는 외교권을 장악하는 데 힘을 기울이며 1868년 3월 11일 쓰시마 번에 모든 외국과의 교제를 조정에서 담당한다고 통보하였다. 하지만 쓰시마 번에 대한 지원책이 마련되지 않은 상태였기에 쓰시마 번의 외교권은 애매한 상태로 이어질 수밖에 없었다.

이번에 왕정으로 일신되어 모든 외국과의 교제는 조정이 담당할 것이다. 조선은 옛날부터 왕래하던 나라이므로 더욱 위신을 세우고자 하는 뜻으로 지금까지와 마찬가지로 종가宗家에 양국 통교를 가역家役으로 명한다. 또한 조선국과의 교제는 외국사무보의 마음가짐으로 행하여 국위를 더욱 세울 수 있도록 진력하라. 특히 왕정일신의 시기이므로 해외에 대해서는 더욱 특별히 마음을 기울여 구폐를 척결하고 봉공하라.

『조선외교사무서 1』

이는 국가 기구의 면에서 볼 때 1861년 이후 막부가 추진하였던 조선과의 직접 외교를 장악하려는 의도의 연장이라 볼 수 있었다. 또한 쓰시마 번의 입장에서는 오랫동안 요구해 왔던 원조 요구의 근거가 아직 남아 있는 것이었다. 여기에서 처음으로 조선과의 외교 관계를 '구폐'라 표현하고 '구폐'를 척결하라는 언급이 나온다. '구폐'의 내용은 과연 무엇이었을까.

1868년 윤4월 6일, 쓰시마 번주 소 요시아키라는 위 명령에 대한 봉답서와 별지 부속서를 보내며 조속히 쓰시마 번 문제를 해결해 줄 것을 촉구하였다. 이를 소개해 본다.

① 쓰시마 번이 조선과 교제를 맺고 세견선을 보내기 시작한 것은

1440년대 초로 남북조시대 당시 서국西國 병난兵亂으로 선조들이 규슈의 영토를 잃고 쓰시마에 숨어 있었던 어려운 시기였습니다. …원래 세견을 약속한 것은 차래지식嗟來之食(업신여기며 주는 음식)을 받는 것으로 일시적 구급지책救急之策에 불과하였습니다. 그때부터 다년간 영지 회복을 꾀하였지만 불행하게도 성공하지 못하여 조선에 기대지 않고서는 국력을 지탱하기 어렵게 되었습니다. 그리하여 잘못된 관례謬例가 생기어 외국에 번신藩臣의 예를 취하여 수백 년간 굴욕을 받았으니, 분개절치憤慨切齒합니다.(중략)

② 그리하여 금번 조선과의 구폐를 일신하라는 엄명을 받았으니, 사력을 다하여 속히 그 실효를 세워 소망을 달성하도록 분발할 것입니다.(중략) 다만 (쓰시마 번 경제 자립이) 조선과의 구폐를 일신하는 제일의 순서라 생각하오니, 비상하고 파격적인 성단을 내려주셔서 선제의 예려叡慮를 세우고 금후 외국에게 경멸당하지 않기를 바랍니다. 그러한 후에 쓰시마 번은 사교私交의 폐해를 비롯하여 기타 유폐를 모두 개혁하여 (국가의) 위신이 빛나도록 하겠습니다.

'구폐'란 조선에 번신의 예를 취한 것을 말한다. 그리고 조선의 멸시를 받는 외교 관계를 개혁하려면 쓰시마 번 원조가 제1의 순서라고 주장하고 있는 것도 주목된다. 전통적 교린의 의미를 무시하는 논지가 전개되고 있었다. 막부 장군과 조선 국왕이 대등하였기에 쓰시마 영주가 막부 장군을 대하는 마음으로 조선 국왕을 대한다는 전통적 '예'에 대한 이해는 어디에도 언급되지 않았다. 오로지 조선의 술책에 넘어간 것이라는 억울함이 팽배하다. 그것도 궁핍한 경제적 상황 때문에 그리되었다는 것이다. 이러한 해석이 당시 메이지 지도자들이 갖고 있었던 일반적 대조선 인식으로 확대되었음은 당시의 여론으로 어쩔 수 없는 일이었다.

사실 쓰시마 번은 세견선 무역을 포기할 생각이 추호도 없었다. 조선과의 외교적 마찰이 전혀 없는 상황에서 국내 정권 교체를 호기로 삼아 기존의 외교 관계를 '구폐'라 표현하며 이를 해결하기 위한 열쇠로 원조를 요구한 것이다. 자립할 수 없었던 쓰시마의 외교적 능력과 발빠른 대처를 잘 알 수 있으며, 동시에 정치가 무엇인지 이해할 수 있는 사례라고도 생각된다.

쓰시마가 외교 무역의 독점권을 유지하면서 '구폐'를 해결하는 방법이 있었을까. 구폐를 해결하려고 했다면 상식적으로나 논리적으로 세견선 폐지가 그 시작이 되어야 한다. 그러나 쓰시마 번은 세견선 무역이 이문이 남는 장사였기 때문에 그렇게 하지 않았다. 쓰시마 번이 생각하는 구폐 해결은 '자립이 가능할 만큼의 원조'였던 것이다. 쓰시마로서는 구폐를 해결하는 것은 쓰시마가 안정된 지행으로 규슈 땅 10만 석을 얻는 일이었고, 조선의 신하로 취급되고 있다는 사실은 원조를 위한 핑계로 매우 유효한 것이었다.

쓰시마 번은 신정부에 대조선 외교 전문가임을 강조하면서 당장 조선에 왕정복고를 알려야 하며 조선으로부터 왕정복고 축하

사절을 받아들여야 한다고 상신하였다. 그 이유로 표류민 송환을 들었다. 즉, 일본에 표착한 조선 표류민을 송환해야 하는데 막부 이름으로 송환할 수 없으니 왕정복고를 알려야 하며 동시에 왕정복고 축하 사절도 불러야 함을 건의하였다.

별지 부속서에는 기유약조로 세견선 20척 파견이 약속된 점, 조선으로부터 세사미로 봉급을 받고 있는 점 등 그간의 사정을 설명하였다. 그러면서 조선으로부터 도서를 받아 일본 선박에 문인文引을 발급하는 것은 번신藩臣의 예를 취하는 것이므로 국가의 치욕이라는 점, 이것은 방어력이 없었던 조선의 술책에 넘어간 것이라는 점, 조선이 쓰시마를 마치 경상도의 신하처럼 취급한 것은 오로지 쓰시마가 궁핍하기 때문이라는 점 등을 들어 다시 한번 경제 원조를 요구하였다.

그렇다면 쓰시마는 '구폐 개혁'을 어떻게 달성하려 했던 것일까?

쓰시마 번은 조선이 준 도서를 폐지하고 메이지 정부가 발급한 새로운 도장을 사용하면 그동안 행한 조공무역에 대한 비난을 잠재울 수 있을 것으로 판단하였다. 그리하여 메이지 정부에 새로운 도장을 요청하였다. 즉, 도장만 바꾸고 세견선 무역은 계속하겠다는 입장이었다. 여기서 조선이 준 도서와 메이지 정부가 발급한 도장을 사용하여 왜관에 입항하는 차이를 알기 위해서는 전통적인 주권에 관한 이해가 필요하다.

1868년 7월 17일, 메이지 정부는 에도를 도쿄東京로 개칭하고,

1868년 8월 23일에는 아이즈 번을 함락하였다. 1868년 8월 27일에는 천황이 즉위하며 국가권력이 천황에게 있음을 내외에 알렸다. 천황 즉위 열흘 후, 쓰시마 번은 가와모토 구사에몬川本九左衛門을 대수대차사 간사관으로, 고모다 간스케薦田貫介를 도선주都船主로 임명하고, 1868년 11월 21일에는 조선과의 외교 개선 임무를 수행하는 대수대차사를 파견하였다.

1868년 12월 19일, 대수대차사 히구치 데쓰시로樋口鉄四郎 일행이 부산항에 도착하여 신정부 성립을 알리는 서계를 제출하고 접대를 요청하였다. 서계에는 앞으로 조선이 준 도서를 사용하지 않고 메이지 정부의 도장을 사용하겠다는 것과 '쓰시마 번주 평의달' 직함을 '좌근위소장 평조신의달'로 사용하겠다는 것, '황'과 '칙'을 사용하여 대등한 외교 관계를 부정하겠다는 내용 등이 포함되었다. 그러자 조선은 서계 내용의 여러 문제점을 들어 책유責諭하여 수정을 요구하였다. 하지만 대수대차사는 조선의 거부를 무시하고 왜관에 눌러앉아 있다가 쓰시마 번이 소멸한 후 1872년 1월, 일본 외무성 명령에 따라 3년 1개월 만에 귀국했다.

이제 대수대차사가 도착한 왜관의 접대를 살펴보아야 하겠으나 대수대차사 파견을 전후하여 일어났던 조선침략론에 대해 먼저 살펴보도록 하겠다.

2

메이지 정부와 1868~1869년의 조선침략론

흔히 조선이 왕정복고를 알리는 쓰시마 번의 대수대차사를 거절하였기 때문에 '정한론'이 발생했다고 선전되어 왔다. 그러나 이는 사실이 아니다. 사료를 보면 대수대차사가 조선으로 향하기 전부터 일본에는 조선침략론이 상당히 퍼져 있었다. 1868년 1월 4일, 기도 다카요시가 산조 사네토미三條實美, 이와쿠라 도모미에게 보낸 서한에는 이런 생각이 노골적으로 표현되어 있다.

조선이 쓰시마 번을 신하로 간주하고 있으므로 크게 명분을 해치고 있습니다. 조선 정도는 황국의 판도로 추가하여 조선에 일본부 같은 것을 만들어 두어야 합니다.

『기도 다카요시 문서木戸孝允文書』, 1868년 1월

그의 주장은 쓰시마 번이 원조를 얻기 위한 논리와 같다. 조선이 쓰시마 번을 신하로 여기는 것이 쓰시마 번의 경제적 궁핍 때문이라고 선전한 내용과 일치하며, 요시다 쇼인이 주장했던 대외팽창론이 그대로 전개되고 있음을 알 수 있다. 1868년 윤4월에 쓰시마 번이 조정에 올린 봉답서와 별지 부속서에도 같은 인식이 깔려 있었다. 보신전쟁이 발발할 즈음 이미 조선침략론이 등장해 있었던 것이다.

이어 기도 다카요시는 대수대차사가 왜관에 도착하여 교섭 중이던 1869년 2월에 부산 점령을 건의하였다.

이전에도 말씀드렸듯 정한을 잘 생각하신 후 결단해 주시기 바랍니다. 정한이라고 해도 처음부터 무력으로 정벌하자는 것은 아닙니다. 황국의 국시로 정해진 것을 조리를 갖추고, 이를 거부할 경우 즉각 무력을 통해 정벌하는 것이 당연합니다. …하코다테를 평정한 다음 정한 준비에 착수하여 실력으로 부산항을 개항시켜야 합니다. 그러고 황국의 방침을 세워 백성의 눈을 내정에서 외교로 돌리고, 육 · 해군의 군사적 기능도 착실히 높여 황위를 만세에 유지하는 것 외에는 방책이 없습니다.

『기도 다카요시 문서』, 1869년 2월

1869년 2월은 대수대차사 서계가 조선 조정에 보고되어 논의되고 있을 때였으며, 받아들이지 말라는 지침이 동래부로 내려오기 전이었다. 동래부가 대수대차사 서계 등본을 보고한 것은 1869년 정월 29일이며, 조정(예조)이 받아들이지 말라는 명령을 동래부에 전달한 것은 1869년 2월 말이었다. 따라서 이 시기 일본에서 등장한 조선침략론은 조선이 대수대차사 서계를 거절한 것과는 상관없음을 알 수 있다.

이때의 '조선침략론'은 메이지 정부가 성립되고 보신전쟁이 수습되는 상황에서 일본 국내의 혼란을 새로운 전쟁을 통해 수습하려는 전략으로 대두된 것이었다. 이때 사쓰마 번은 러시아와 대결할 것을 주장했고, 조슈 번은 조선과 전쟁을 벌여 국내 위기 상황을 모면하고자 하였다. 기도 다카요시의 조선침략론은 조슈 번 출신의 정치 지도자들 사이에 공유되고 있었던 인식이라 판단된다.

3

메이지 유신과 왜관

이 절에서는 대수대차사가 파견된 1868년 12월부터 조선 후기 외교체제가 붕괴되는 1872년 9월까지 왜관에서 어떤 일이 발생했는지 그 과정을 시간에 따라 살펴보겠다. 이 시기에 대한 기존 연구, 특히 다보하시 기요시田保橋潔의 연구는 사료와 일치하지 않는 부분이 너무 많아서 새롭게 정리하지 않을 수 없었음을 언급해 둔다.

부산에 도착한 대수대차사와 동래부의 대응(1868. 12.~1869. 3.)

1868년 12월 19일, 대수대차사 히구치 데쓰시로가 부산에 도착했다. 조공무역이라는 일본 내부의 비난을 피하기 위해 조선이 준 도서를 사용하지 않고 메이지 정부가 발급한 새 도장을 사용하여 노인과 서계를 작성하였다. 쓰시마 번은 만약 조선이 서계를 거절하여 외교 관계가 단절될 경우 전쟁 분위기를 고조시켜 메이지 정부의 지원을 받아내고, 조선이 굴복하고 받아들인다면 외교 능력을 신정부에 과시할 수 있다고 생각하였다. 전쟁으로 문제를 해결한다는 안은 이미 일부 번들과 메이지 정부의 합의가 있었기 때문에 가능한 것이었다.

하지만 한편으로는 큰 딜레마였다. 만약 조선과의 외교 관계가 단절된다고 하더라도 메이지 정부가 곧바로 경제적 지원을 해 준다는 보장이 없었다. 더욱이 외교 관계가 단절되어 왜관이 폐쇄된다면 쓰시마 번은 더 깊은 경제적 나락으로 빠질 수밖에 없었다. 따라서 대수대차사는 쓰시마 번과 계속 연락을 취하며 신중한 태도를 보였다.

대수대차사는 기존 연구와는 달리 도착 직후인 12월에는 특별한 활동을 하지 않았다. 『관수매일기館守每日記』에 따르면 해가 바뀐 1869년 정월 4일에 새해 인사차 왜관에 입관한 훈도와 별차를 처음으로 대면했다고 한다. 그러고 1869년 1월 6일에는 간사관 가와모토 구사에몬이 임관(훈도와 별차)과 첫 대면을 하였다고 한다. 대수대차사가 도착하자마자 거부당했다는 기존의 연구와는 큰 차이를 보인다.

한편, 간사관 가와모토 구사에몬이 1대관을 겸임하고, 1869년

1월 28일에 동래부의 상고商賈, 都中 8인과 만나 무역이 잘되기를 기원하였다. 이로 미루어 보면 그들은 대수대차사 서계가 무역에 지장을 줄 것이라고 생각하지 않았고, 오히려 무역을 확대하기 위한 방책으로 활용했음을 알 수 있다. 이들은 조선에 일본의 정권 교체 과정에서 쓰시마 번의 위세를 과시하고 조선과 신정부 간의 문제가 자신들의 노력으로 억제되고 있다고 생색을 냈다. 한마디로 가역으로서 대조선 외교·무역을 망가뜨리지 않으면서 교섭을 유지하려는 모습이었다.

대수대차사 히구치 데쓰시로는 1869년 정월 25일 일본의 왕정복고를 왜관에 알리고 막부 표찰을 걷어냄으로써 조선에 에도 막부 멸망을 공식적으로 알렸다. 그는 이때 서계 수리를 교섭하였다.

훈도와 동래부사는 1869년 정월 29일 대수대차사 서계 등본(사본)과 재판 서계를 곧바로 예조에 보고하였다. 서계 내용을 크게 요약해 보면 다음과 같다.

① 메이지 정부가 성립하였다.

② 별도로 사신이 파견될 것이다.

③ 앞으로도 쓰시마 번주가 교린직을 계속 유지할 것이다.

④ 조선이 준 도서는 사용하지 않고 메이지 정부의 도장으로 노인과 서계를 보낼 것이다. 이는 메이지 정부의 명령이므로 조선도 받아들여야만 한다.

쓰시마 번이 교린직을 계속 담당할 것이라고 하면서 조선의 도서가 아닌 메이지 정부가 발행한 도장을 사용하겠다고 한 것은 기존의 조공외교를 개혁하려는 모습을 일본 내부에 보여 입지를 높이려는 의도였다. 또한 쓰시마 번주가 자신의 직책을 '좌근위소장 평조신의달'로 스스로 올린 것, 나아가 지금까지의 외교를 사사로운 교제私交로 규정한 것도 할 말을 잃게 할 정도의 외교상 큰 무례였다. 더욱이 메이지 정부의 명령이므로 조선은 마땅히 받아들여야 한다는 것은 메이지 정부의 권력이 조선에 미친다는 의미로 복속을 요구한 것이나 다름없었다. 동래부사는 엉겁결에 오만하기 짝이 없는 일을 당한 셈이었다.

예조에 서계를 보낸 지 꼭 한 달 후인 1869년 2월 29일, 대수대차사 서계를 수리하지 말라는 지시가 내려졌다. 이에 따라 훈도는 서계를 수리할 수 없음을 명확히 전했다.

조선 정부의 거부에도 불구하고 히구치 데쓰시로는 곧바로 귀국할 수 없었다. 그냥 물러나는 것은 쓰시마 번의 외교 실패를 인정하는 것이었으며, 이는 가역 박탈을 의미했다. 따라서 쓰시마 번이 아니면 대조선 외교·무역이 불가능함을 메이지 정부에 보여줘야 했다. 이들은 일본의 정세 변화와 동래부의 눈치를 살피면서 왜관에 계속 머물렀다. 동래부도 일본의 정권 교체기에 쓰시마 번이 활용 가치가 있다고 판단해 퇴거를 강제하지 않고 온유하게 설득하였다.

메이지 정부의 도장을 사용한 선박의 도항과 동래부의 대응(1869. 3.~1869. 12.)

대수대차사가 도착한 후에도 세견선은 관례대로 왜관에 입항하였다. 대수대차사 서계를 거절한 것을 외교 단절로 파악하는 것은 오류이며 외교 교섭과 무역은 별개로 진행되었다.

1869년 3월 28일 무지포에 표착하였다가 1869년 4월 2일 입항한 제주 표민 영래선 후쿠에마루福榮丸와 차기선 요시에이마루吉榮丸의 서계와 노인에 '좌근위소장'이라는 관직명과 일본 정부의 도장을 찍어 입항한 사태가 발생했다. 조선 정부가 지난 2월에 명확히 불허하였음에도 불구하고 쓰시마 번이 강행한 것이다. 쓰시마 번은 조선 정부가 표류민을 받아들이지 않을 수 없음을 이용하여 메이지 정부의 새로운 도장을 계획적으로 사용하여 이를 관례로 삼고자 하였다. 하지만 동래부는 표류민만 받아들이고 서계와 노인을 퇴거시킴으로써 접대를 거부했다. 결국 쓰시마 번은 잘못된 판단으로 큰 손해를 보고 말았다.

이 사실은 즉각 예조와 의정부 삼군부에 보고되었다. 노인과 서계를 퇴거시킨 동래부가 왜관 관수에게 엄중히 경고하자 대관소는 크게 동요하였다. 관수는 1869년 4월 9일 대수대차사 히구치 데쓰시로에게 해결책을 요구했고, 결국 1869년 4월 22일 들어온 비선에 옛 관직과 도장을 날인한 서계와 노인을 보내옴으로써 사건은 20일 만에 종결되었다.

동래부는 이 기간에도 규정대로 입항한 세견선과 표류민선을 우호적으로 접대하였다. 즉, 1869년 4월 4일에는 3특송사왜 수목선國德丸(2월 1일 입항)이 공작미와 공목을 싣고 출항했으며, 1869년 5월 12일에는 정의 표민 영래차왜선(2월 2일 입항)이 접대를 받고 공작미와 공목을 싣고 출항하였다. 또한 문제를 초래한 선박들도 1869년 4월 22일 서계와 노인을 수정하여 정납했기에 접대가 이루어졌다. 또 1869년 5월 12일에는 부특송사선住壽丸(3월 29일 입항)이, 1869년 6월 6일에는 제주 표민 영래선과 차기선(3월 28일 입항)이 공작미와 공목을 싣고 출항하여 동래부가 이 사건에 대해 크게 문제 삼지 않았음을 알 수 있다. 이후 1869년 6월 19일 왜관에 입항한 2특송사선부터 '대마주태수'라는 기존의 직함과 조선이 내려준 도서를 날인한 서계와 노인을 지참하며 평소의 모습으로 회귀하였다. 마치 한번 찔러보고 여의치 않으니 바로 물러서는 모습이었다.

쓰시마 번주가 쉽게 굴복한 이유는 동래부의 단호한 태도와 무역 중단으로 발생하게 될 경제적 어려움, 조선의 정당한 논리와 왜관에 있는 대관소 상인들의 반발 등을 들 수 있다. 거기에 메이지 정부가 개입하여 문제를 곧바로 해결해 주지 않을 것이라는 현실적 계산도 따른 것이었다. 직접적으로 표현하자면 조선이 강자이고 쓰시마 번이 약자였기 때문에 나타난 당연한 결과였다.

1869년 6월 17일, 한세키호칸版籍奉還(판적봉환, 다이묘들이 토지와 백성을 메이지 천황에게 반환한 것)이 이루어지며 메이지 정부의 외국관(훗날 외무성)에 의해 '쓰시마 번의 외교권 접수'가 이루어졌다. 이 소식은 1869년 9월 2일 왜관에 전달되었다. 쓰시마 번주는 이즈하라 번嚴原藩의 지사知事가 되었고, 소 시게마사宗重正로 개명하였다. 관수도 반다다미番忠見라 개명하였다고 한다.

이즈음 쓰시마에 극심한 기근이 발생했다. 1869년 9월 5일의 『관수매일기』를 보면, 대수사 히구치 데쓰시로가 왜관 내 모든 무사들에게 다음과 같이 고시하였다.

> 이번에 배편으로 들어온 소식을 들으니, 쓰시마에 쌀이 부족하여 수당 지급도 못 하고 있을 뿐만 아니라 시장에도 쌀이 없어서 가난한 사람들이 기아에 허덕이고 있다고 한다. 왜관 내에서도 절약하여 쓰시마와 어려움을 같이해 주기를 바란다.
>
> 『관수매일기』, 1869년 9월 5일조

여기에 1869년 9월 23일 소씨 세력의 가역 파면이 확정되자 쓰시마 상인들과 무사들은 번의 정책에 대해 문제를 제기하고 수뇌부의 실정을 질타했다. 그러자 수뇌부에서는 혼신의 힘을 다하여 외교권 접수 선언을 무효화하고자 노력하였다. 특히 1869년 10월에는 사이토 가헤齊藤佳兵衛가 번의 운명을 걸고 외교권 박탈에 항의하는 상신문을 올리기도 했다.

이 와중에 대수대차사의 교섭 경과를 보고하라는 명령이 왜관에 내려왔다. 왜관에서는 시일을 끌다가 그간의 과정을 보고하며 곧 회답이 올 것이므로 시일이 더 필요하다는 정치적 보고를 올리고 말았다. 요컨대 경제적 궁핍의 혼란과 외교·무역권 박탈이라는 불확실성 속에서 시일을 계속 끌기 위한 얕은 수였다.

1869년 10월 22일에는 의정부 관문이 동래부로 내려와 대수대차사를 빨리 귀국시키라는 명령을 전달하였다. 동래부에서도 원칙에 어긋나는 상태로 쓰시마 번을 달래는 것이 효과가 없고 자칫하면 잘못된 메시지를 줄 수 있다고 판단하여 1869년 10월 24일 의정부의 명령을 훈도가 관수에게 알렸다. 1869년 10월 28일에는 동래부 관원이 왜관을 시찰하며 압력을 가하였다. 결국 쓰시마 번은 조선 정부로부터는 불신을, 메이지 정부로부터는 가역 파면을 받아 한일 간의 가교 역할을 상실할 위기에 처하고 말았다. 여기에 경제적 궁핍이 더해져 최악의 상태를 맞게 되었다.

명칭 문제와 동래부의 대응(1869. 12.~1870. 4.)

쓰시마(이즈하라) 번의 동요는 1869년 11월에 접어들면서 급속히 해결되는 양상을 보였다.

1869년 11월 10일, 태정관은 필사적으로 매달리는 쓰시마(이즈하라) 번의 항의를 받아들이며 아래의 지령을 내렸다.

① 대수대차사의 진퇴는 조선의 신의를 잃지 않는 범위에서 조치할 것.

② 표류민 송환은 선례에 따를 것.

③ 세견선은 그대로 둘 것.

④ 왜관 관리는 구례를 따를 것.

⑤ 조선 무역은 더욱 장려할 것이며, 세견선도 관례대로 유지시킬 것.

⑥ 노인은 옛 관례대로 번주가 발급할 것.

이 지령에 따라 표류민 송환도 선례에 따르게 되었고, 세견선과 무역도 장려되어 왜관은 다시금 활기를 띠게 되었다. 일본 외무성에 대한 쓰시마(이즈하라) 번의 승리였다.

관수는 이 사실을 훈도에게 알리고 조선이 준 도서를 그대로 사용하게 되었음을 알렸다. 아울러 이러한 결정에 쓰시마(이즈하라) 번의 역할이 중차대하였다는 공치사도 잊지 않았다. 쓰시마(이즈하라) 번은 다시금 메이지 정부로부터 재신임을 받으며 대조선 외교·무역권을 확보하게 되었다. 동래부의 입장에서도 기존의 조약 유지와 조선이 일본의 정권 교체를 받아들이는 데 큰 장애가 해결된 것으로 판단하였다. 결국 대수대차사는 왜관에 다시 눌러앉게 되었고 동래부도 구태여 돌려보내지 않았다.

하지만 쓰시마(이즈하라) 번주는 자신의 지위를 올리기 위한 노력을 포기하지 않았다. 1869년 12월 2일, 1·2선(3선겸대)이 왜관에 입항할 때 노인과 서계의 도서는 조선이 준 것을 사용했지만, 기존의 '대마태수 평의달'이란 관직명을 '좌근위소장 대마태수 평조신의달'로 고쳐 기록하였다. 전통적인 교린관계 속에서 보면 도서 문제만큼 심각한 사안은 아니었다. 하지만 훈도는 이를 척퇴하고 동래부사를 통해 의정부와 삼군부에 보고하였다. 이때 훈도는 메이지 정부 성립을 보고하며 좌근위소장 직위 사용은 허락하되 평조신은 허용하지 않는 것이 좋겠다고 상신하였다. 당시 왜관의 관수는 이 '좌근위소장 평조신의달'에 대해 꽤 고집을 부렸다. 우선 메이지 정부에 뭔가 가시적인 결과를 보여주고자 하는 입장도 있었고, 조선을 설득할 수 있다는 자신감도 있었던 것 같다. 또한 1868년 11월, 태정관의 지령을 얻어낸 포상의 의미로 자신들의 진급을 조선이 인정해야 한다는 논리도 작용하였다.

그러자 훈도는 좌근위소장이라는 직명을 사용하는 것에 대해 긍정적으로 건의하겠다고 하였으나, 다만 성과 이름 사이에 '조신朝臣'이 들어가는 것에는 거부감을 표하였다. 관수는 조신은 정부의 신하를 의미하는 것이 아니며 일본 고래의 씨성제도에 유래한 것이라고 설득하였다.

1870년에 들어서도 이러한 상황은 계속되었다. 1870년 1월 5일 입항한 공작미연한청퇴 재판차왜선과 1870년 1월 13일 이정암선(4-17겸대), 1870년 2월 23일 3특송선, 1870년 3월 11일 만송원선 등이 '좌근위소장 평조신의달'의 이름으로 서계를 가져온 것이다. 이로 말미암아 왜관의 접대는 정지 상태에 이르고 말았다. 서계를 봉납해야만 연향이 이루어질 수 있었기 때문이었다. 결국 훈도와 관수는 한 걸음씩 양보하여 '좌근위소장'은 허용될 수 있도록 훈도가 진력하고, '조신'은 사용하지 않기로 합의하였다.

쓰시마(이즈하라) 번주는 1870년 4월 9일 비선을 통해 공작미연한청퇴 및 기사조 1·2·3선, 이정암선, 4-17선 등의 서계와 별폭을 전부 수정하여 보내며 4개월 만에 사태를 해결하였다. 앞서 새로운 도장을 사용해 벌어진 사태가 20일 만에 해결된 것과 비교하면 쓰시마 번의 저항이 완강했음을 알 수 있다.

이에 따라서 훈도와 동래부는 표민순부서계漂民順付書契를 상송上送하고 접위관 선정을 요망하였다. 당시 막부가 멸망하고 신정부가 들어선 상태였으므로 지금까지 사용하지 않았던 '강康' 자와 '경慶' 자를 사용한 서계를 허락하였다. 이는 조선 정부가 막부 멸망과 메이지 정부 수립을 승인한 모습이라 하겠다.

서계를 수정해 옴에 따라 1870년 7월 11일에는 기사조 1·2·3선, 이정암선, 4-17선 등의 하선다례가 이루어졌고, 1870년 7월 12일에는 영해 표민 영래차왜橘廣親, 제주 표민 영래차왜平德隣, 공작미청퇴재판차왜橘幸邑 하선다례(접위관 : 양산군수)가 설행되었다. 1870년 8월 7일에는 의정부 명으로 예조의 지시가 내려와 좌근위소장을 서계에서 사용할 수 있게 되었으며 이후 공식 관직명으로 사용된다. 이리하여 조선 정부는 메이지 정부 성립을 공식 승인하였고, 한일 간 갈등은 쓰시마(이즈하라) 번을 매개로 수습되는 듯하였다. 그러나 이는 외교 일원화를 추구하는 메이지 정부의 입장과는 거리가 먼 것이었다.

이즈음 쓰시마(이즈하라) 번은 조선과의 무역을 담당하기 위해 무역서貿易署를 설치하고 이를 왜관에 알렸다. 이는 신정부의 제무 개혁諸務改革에 따른 것으로 쓰시마(이즈하라) 번에서도 녹제祿制개혁이 이루어져서 많은 무사들이 농업이나 상업에 종사하게 되었다. 왜관에서도 많은 금도왜들이 귀국 명령을 받아 실직하였다. 『관수매일기』를 보면 인원 부족으로 인한 업무 과중을 호소하는 대목을 쉽게 볼 수 있다.

한편 무역서를 설치한 쓰시마(이즈하라) 번은 일본 외무성에 보고한 내용과 달리 세견선 무역을 포기할 의사가 전혀 없었다. 일본 외무성은 쓰시마 번이 표면적으로는 세견선 무역을 '황국의 치욕'이라 비판했지만 경제적으로 이득이었기에 이를 포기할 생각이 전혀 없음을 파악하고 1870년 윤10월 명령을 따르지 않는 관수를 해임했다. 관수는 윤10월 5일 일기에 자신이 해임된 사실을 적고 왜관원들에게 앞으로의 지침을 내린다. 이 지침에서도 8송사를 보내는 것이 양국 통교의 근원이며 접대를 소중히 받아야 한다는 견해를 보이고 있다.

관수 파면 이후의 왜관

일본 정부는 외무성을 통한 외교 창구 일원화를 차근차근 진행했다. 1870년 11월 3일, 예조에 보내는 서한과 동래부사와 부산첨사에게 보내는 일본 외무대승의 서계를 가지고 요시오카 고우키吉

岡弘毅, 모리야마 시게루森山茂, 히로쓰 히로노부廣津弘信 등의 외무성 관리들이 파견되었다. 이 사실이 알려지자 왜관은 벌집을 쑤셔 놓은 듯 큰 혼란에 빠졌다. 왜관 상인들은 조선 정부와 일본 외무성이 직접 교섭하게 되면 쓰시마 번의 무역권은 박탈당할 것이라며 불안해했다.

1871년 1월, 훈도는 왜관이 혼란에 빠지자 쓰시마(이즈하라) 번에 힘을 실어 주기로 결정하고, 앞으로 모든 일은 쓰시마(이즈하라) 번을 통해 응할 것이며 이 외의 인사들과는 회담하지 않겠다고 선언하였다. 이 선언은 기존의 외교 관계를 수호하자는 뜻이었으며, 세견선 무역을 통해 들어오는 물품을 안정적으로 확보하기 위한 전략이었다. 왜관 관리들과 상인들은 평정을 되찾았다. 훈도도 더욱 효과적으로 왜관 상인들을 통제할 수 있었으며 표류민 송환 등 외교 문제도 원활히 진행되었다.

이러한 결과를 뒷받침하는 조선 정부의 공식 문서가 정식으로 일본 외무성에 전해졌다. 1871년 3월, 동래부는 일본 외무성 관원이 정식으로 왜관에 온 전례가 없어 면접할 수 없음을 알리는 서한을 발송했다. 일본 외무성을 상대로 한 조선 정부의 첫 외교문서는 쓰시마 상인들의 기대와 함께 전달되었다.

이 사이에 일본에서는 약 20일간 왜관에 머물렀던 외무성 관료들의 보고에 따라 다시 조선침략론이 일어나기 시작했다.

4

일본 외무성 관리의 조선 국정 탐색과 1870년의 정한론

조금 앞으로 돌아가 일본 외무성 관리의 조선 국정 탐색과 '1870년의 정한론'에 대해 살펴보자. 왜관에서 '좌근위소장 평조신의달'을 고집하여 대립이 있었던 1870년 2월 22일, 사다 하쿠보佐田白矛, 모리야마 시게루森山茂, 사이토 사카에齊藤榮 등 일본 외무성 관리들이 왜관에 도착하였다. 이는 지난 1869년 11월 10일 태정관의 지령과는 상충되는 것으로 외교 일원화는 계속되고 있음을 말해 주는 것이었다. 이들은 조선과의 전쟁 가능성을 탐지하기 위한 사절이었으나 쓰시마(이즈하라) 번에서는 가역을 박탈하기 위한 수순으로 파악하여 왜관으로 향하는 이들의 선박에 발포하는 자까지 나타났다.

일본 외무성 관리들은 20여 일간 왜관에 머물며 보고서를 작성하고 귀국 후 1870년 4월에 「조선국교제시말내탐서朝鮮國交際始末內探書」를 제출하였다. 이 보고서에는 쓰시마(이즈하라) 번이 보낸 대수대차사 서계가 수리되지 않은 이유에 대한 기록이 있다.

…서계 중에 '황' 자나 '칙' 자 등이 있고, 예조참의에 대한 대인을 공으로 고치고, 조신·좌근위 사용, 조선 국왕으로부터 받은 도서 대신 새로운 도장을 찍은 것 등을 들어 문중의 불손함을 나무라고 구례에 따르지 않음을 거론하여 단연 받아들일 수 없다고 답하였습니다. 하지만 절교하려는 뜻은 추호도 없고, 조용히 도쿠가와 막부와 동등한 대신과 적례를 하고자 한다고 진술하였습니다.

이와 함께 조선통신사를 초청해도 적주敵主(조선 국왕과 등대할 사람)가 없기 때문에 효과가 없을 것이라고 설명하여 쓰시마(이즈하라) 번의 주장에 따르는 것이나 대수대차사의 활동도 효과가 없을 것이라고 보고하였다. 거기에 쓰시마(이즈하라) 번주가 조선에 신하의 예를 취하고 있기 때문에 정부에서는 반드시 외교권을 접수해야 하며, 세견선도 반드시 폐지해야 한다고 주장했다. 한마디로 쓰시마(이즈하라) 번의 '구폐 개혁' 활동에 대해 낮은 평가를 내리고 있었다. 다만 쓰시마(이즈하라) 번의 부채가 해소되어야만 문제가 해결될 수 있음을 계속 강조하고 있음은 주목할 만하다.

사다 하쿠보의 개인적인 건백서를 보면 다음과 같다.

> 지금 황국은 병사가 참으로 많아서 걱정입니다. 각 지역의 병사들은 동북의 전쟁에 만족하지 못하고 또 다른 전투를 생각하여 혹여 내란이 일까 걱정입니다. 다행히 유일한 방법으로 조선을 공격하면 병사들의 울분을 해결할 수 있을까 생각됩니다. 조선과 싸움으로써 우리 병사들을 훈련시키고 황위를 해외에 빛낼 수 있느니 어찌 신속히 공격하지 않을 수 있겠습니까.

내부의 분열을 외부로 돌려 전쟁을 일으켜 해결할 것을 주장하고 있다. 일본 외무성 관료로 처음 조선에 온 이들이 20여 일간 조선의 정세를 탐색하고 전쟁을 주장하는 건백서를 제출한 것은 당시의 일본을 이해하는 데 큰 도움이 된다. 당시 일본 내 여론은 기도 다카요시의 주장에서 파악할 수 있듯이 조선침략론이 주류를 이루고 있었다. 외무성 관리들은 조선이 절교하려는 뜻은 추호도 없음을 파악하였음에도 불구하고 이미 전쟁을 상정하고 있었다. 이들이 왜관에 온 목적은 조선의 방어 능력을 탐색하기 위한 것이었다.

이 보고서는 일본 내에서 '1870년대의 정한론'을 일으키며 큰 반향을 일으켰다. 이러한 여론은 표면적으로 외무성의 신중론과 요코야마 쇼타로橫山正太郎의 자결과 유언으로 실현되지 않았다. 하지만 그 이면에는 당시 조선이 병인양요를 거치며 군사력을 증강시킨 것이 주요 요인이었다. 즉, 일본이 쉽게 승리할 수 없을 것이라는 전망이 있었기 때문이었다.

보고서에는 조선의 군비를 무시하면서도 나름대로 경계하며 신중한 모습을 나타내고 있음을 볼 수 있다.

조선은 프랑스와 전투를 치른 이후 수영과 병영 모두에서 훈련에 매진하고 있습니다. 부군현에서는 농민병을 양성하고 있으며, 수도에서는 승병까지 가담한다고 합니다. 또한 근해의 해륙 방어가 철저하다는 평이 있습니다. 부산성 아래에서는 때때로 훈련이 있으며, 이는 우리의 옛날 훈련 모습을 연상케 하며 큰 깃발을 가지고 진퇴를 지휘하고, 검모대劍鉾隊, 궁대弓隊, 총대銃隊 등을 연구하여 육전을 주로 합니다. …프랑스와 벌인 전쟁에서 소총의 효과를 알고 지금은 총포를 제조합니다.

일본 내에서 조선침략론이 비등해진 것은 쓰시마(이즈하라) 번으로서도 바람직한 현상이 아니었다. 교섭 부진의 책임으로 면직뿐만 아니라 견책까지 받을 가능성이 있으며, 만약 전쟁이 일어나게 되면 선봉에 설 것을 강요받을 것이 뻔했기 때문이었다. 이는 쓰시마(이즈하라) 번의 무모한 전략으로 초래된 결과였다. 조선은 감정적으로 대응하지 않고 원칙에 충실하여 명분을 주지 않았으며 양국의 우호를 소중히 생각한다는 메시지를 명확하게 전달하였다.

외무성 관원들의 보고서를 받아 본 외무성은 정확한 상황을 파악하기 위하여 왜관의 히로세와 우라세浦瀨最助를 소환하였다. 이때 오시마 도모노조는 도쿄에 올라온 우라세에게 대수대차사 서계 중 조선이 문제 삼은 말들을 삭제하여 받아들일 수 있도록 고쳐서 일단은 친교를 이어갈 것을 지시하였다. 이후의 문제는 청일수호조규가 맺어진 다음 이를 바탕으로 국제외교 관례에 따르겠다는 의도를 내비친다. 오시마의 지시는 점차 외무성의 견해가 조선 문제를 외교적으로 해결할 수 있으며 쓰시마가 방해된다는 인식을 표명하고 있었기 때문에 나타난 변화였다.

5

폐번치현과 왜관

동래부가 쓰시마(이즈하라) 번을 통한 외교·무역을 지지한다는 서한을 일본 외무성에 보낸 가운데 1871년 7월 일본에서는 폐번치현이 이루어졌다. 이로 말미암아 쓰시마(이즈하라) 번은 폐지되어 이마리 현伊萬里縣에 편입되었으며, 현지사로 민부대승 와타나베 기요시渡辺清가 부임하였다. 쓰시마(이즈하라) 번주 소 요시아키라는 청일수호조규가 조인된 7월 29일 외무대승으로 임명되었다.

1871년 8월, 외무대승 소 요시아키라는 조선에 보내는 서한을 작성하였고, 관수는 1871년 8월 24일 외무성 관원이 이 서한을 가지고 올 것이라고 훈도에게 알렸다. 훈도와 동래부는 이 소식을 바로 예조에 보고하였다.

1872년 1월, 외무대승 소 요시아키라의 서한을 지참한 차사差使가 신미1특송사선, 제주 표민 영래선, 비선 등을 대동하고 왜관에 입항하였다. 이들은 외무성 관원을 상대하지 않겠다는 훈도에게 불만을 표하고 대수대차사 히구치를 귀국시켰다. 그러면서 일본의 폐번치현으로 더 이상 쓰시마(이즈하라) 번을 매개로 한 한일관계가 불가능함을 고지했다. 이와 함께 대관소의 쓰시마 상인들과 조선의 임역任譯이 연대하지 못하게 하려는 의도로 7인위원회[요시오카 고우키, 모리야마 시게루, 히로쓰 히로노부, 사가라 마사키(相良正樹), 히로세와 우라세, 히로세 나오유키(廣瀨直行), 후카미 로쿠로(深見六郎)]가 조선과의 회담을 전담할 것을 통보하였다.

훈도는 급작스럽게 변한 상황을 엄중히 인식하고 서울과 대구에 이를 직접 설명하고 지휘를 요청하였다. 그사이 가훈도假訓導는 관례대로 차사를 접대하며 6차례에 걸쳐 회담을 벌였다. 1872년 3월 20일, 가훈도와 동래부는 일본의 폐번치현을 알리는 서한과 청일수호조규 사본을 예조에 보고하였다.

이들이 회담을 벌이는 중 흥미로운 사건이 발생했다. 1872년 3월 4일, 동래부는 통사通事 최재수崔在守를 통해 대포 3좌, 포탄 300발, 조총 25자루, 화약 2,500근, 환도 30자루를 쓰시마 상인에게 구입했다. 이것은 쓰시마 상인들을 한일 간의 완충지대로 삼고자 했던 동래부의 정치적 의도였다. 일본 정부의 처벌을 무릅쓰고 이에 부응한 쓰시마 상인들 또한 높이 평가받을 만했다. 이들은 왜관에 머물고 있던 외무성 관리의 눈을 피하기 위해 고의로 울산에 표착하여 왜관에 입항하지 않고 바로 쓰시마로 돌아갔다.

이제 훈도와 동래부는 외교 상대자로 외무성 관리를 택하지 않을 수 없음을 인정하였다. 대관소의 쓰시마 상인들은 정치적 상황을 무시하며 조선과 계속 무역하기를 원하고 있었다. 동래부 상인들도 대관소가 유지되기를 희망하였다.

때마침 훈도는 상을 당해 서울에 있었으나 조정의 명령으로 제복을 명받고 대구 감영으로, 서울로 직접 상황을 보고하며 새로운 외교 관계 수립에 동분서주하였다. 이때 왜관에서 난출闌出(왜관에 거주하는 일본인들이 조선 정부의 규정을 무시하고 불법으로 왜관 밖으로 나가는 것)을 요청하였다. 표면적으로는 차사의 동래부사 면접 요구였다.

대구에서 돌아온 훈도는 과감하게 난출을 허락하였다. 동래부는 외무성 관원 접대를 허용하는 첫 단계로 동래부사 면접 시 차사의 복장 문제를 논의하였다. 차사는 전 쓰시마 번주인 외무대승이 보낸 사절이었기 때문에 규정에 어긋나지만 재량권을 발휘하여 면접을 허용한 것이었다.

이에 대해 동래부 상인들은 신중한 모습을 보였다. 통사 최재수가 상인들을 대표하여 왜관에 들어가 1대관 가이즈海津를 비롯한 대관소 상인들에게 자문을 구한 결과 기존 무역권을 내세워 동래부사의 차사 면접을 찬성하지 않았다. 그러자 동래부 상인들도 동조하였다. 중요한 것은 무역이며, 기존의 거래를 포기할 이유가 없고, 대관소 상인들을 푸대접할 수 없다는 논리였다.

동래부는 격론 끝에 정부의 결정이 내려올 때까지 기다리는 데 의견을 모았다. 만약 새로운 조약이 맺어진다고 해도 3년의 시간이 필요하고 그동안에는 무역을 계속 유지할 수 있다는 이유였다. 관수와 차사도 쓰시마 상인들의 기득권을 완전히 포기시키겠다는 것은 아니었다.

이에 따라 동래부사는 대관소 상인들의 의견을 수렴해 차사 면접을 포기하였다. 동래부로서는 쓰시마 상인들이 왜관에 거주하는 한 그들의 반대를 무릅쓰고 외무성과 직접 대화하는 것은 바람직하지 않다고 판단하였다. 또 무역이 지속된다면 정치적 문제는 서두를 필요가 없다고 생각하였다.

한편, 왜관에서 난출이 일어나고 있을 때, 일본 외무성은 초량공관 사무를 외무성 소관으로 결정하고, 세견선 폐지에 따른 비용을 쓰시마에 지급하여 왜관을 정리하는 틀을 마련하였다. 명령이 떨어지자 왜관 책임자였던 요시오카는 왜관을 정리하기로 하고 1872년 6월 15일 귀국하였다.

외무성 관리들과 차사가 귀국하자 왜관에는 쓰시마 상인들만 남게 되었다. 왜관 상인들과 동래 상인들은 앞으로 3년간 지금 그대로 무역을 유지한다고 합의하였고, 동래부사도 동의하였다. 동래부사는 난출을 단행한 왜관 관수 후카미 로쿠로에 대한 접대를 3개월

간 중지하고, 1대관으로 하여금 관수를 대신하도록 조치하는 등 통제를 강화하였다.

대관소 상인들은 무역 독점을 유지하기 위해 조선의 주장에 동조하고 관수 후카미 로쿠로의 명령을 따르지 않았다. 이리하여 왜관 관수 후카미 로쿠로는 조선으로부터는 접대를 받지 못하였고, 쓰시마 상인들로부터도 무시당하는 입장이 되어 외무성에 이를 호소하였다. 이 와중에도 1872년 6월 8일에 신미조 1선과 2특송사선, 부특송사선 등 세견선이 입항하였으며, 1872년 8월에도 1특송선이 입항하였다.

6

하나부사 요시모토의 도한과 기유약조 체제 붕괴

일본 외무성은 왜관 대관소 상인들이 관수의 명령을 따르지 않고 세견선 무역(조공무역)을 계속하자 상황을 심각하게 받아들이며 하나부사 요시모토花房義質를 파견하였다.

1872년 9월, 하나부사는 마지막 세견선인 신미조 2특송선에 표류민을 탑승시켜 화륜선 2척으로 왜관에 입항하였다. 그는 쓰시마번의 역할에 대해 비판적이었고, 조선을 설득하는 데에는 오히려 이들이 방해가 된다고 인식하고 있었다. 또한 대관소 상인들이 무역을 독점하기 위해 조선을 움직여 외무성과의 대화를 방해하고 있다고 판단하였다. 그리하여 세견선 무역을 폐지하기 위해 도착 즉시 대관소 상인들을 모두 문책하여 귀국시켜 재판에 회부했다. 그가 대관소 폐지를 결정하자 쓰시마 상인들은 조선이 왜관을 폐쇄하면 문제가 커질 것이라고 경고하였다.

동래부는 사전 교감 없이 일방적으로 처리한 하나부사에 상당한 불쾌함과 당혹감을 보였다. 이제 일방적인 약조 파기를 문제 삼아 왜관을 폐쇄하거나 새로운 조약을 맺기 위해 외무성 관원을 접촉해야 했다. 하지만 일본 외무성은 왜관을 폐쇄할 명분을 주지 않으려고 애썼으며, 동래부도 중앙 정부의 명령 없이 왜관을 폐쇄할 수는 없었다. 결국 현재 상황을 중앙 정부에 보고하고 지시에 따를 수밖에 없었다. 이를 일본에서는 '왜관 접수'라고 표현하고 있다.

다시 정리하면 에도 막부 멸망과 폐번치현으로 쓰시마 번이 소멸하며 사실상 기유약조는 무력화되었다. 여기에 하나부사의 대관소 폐지는 기유약조 체제가 완전히 붕괴되었음을 명확히 보여준 사건이었다.

이제 기유약조 붕괴 이후 왜관의 모습, 특히 기유약조가 붕괴된 이후 동래부, 왜관에 머무른 일본 외무성 관리들의 주장, 왜관 관리 및 표류민 송환의 변화, 세견선 무역 폐지 이후의 무역, 그리고 전쟁에 관한 정보 획득과 군사훈련이 어떤 모습으로 이루어졌는지 살펴보도록 하겠다.

제 4 장

기유약조가 붕괴된 이후 왜관의 쓰시마 상인들이 퇴거하고
세견선 무역이 폐지되었다. 양국 관계는 대립하였고,
전쟁으로 치닫는 상황까지 몰렸다.
그러나 대등한 외교 관계와 우호에 대한 약속을 전제로
1876년 조일수호조규가 체결되었다.

기유약조 체제
붕괴 이후의 왜관
(1872~1876)

기유약조 체제가 붕괴된 이후 왜관의 모습은 어떠하였을까? 1872년 9월 이후부터 1876년 조일수호조규朝日修好條規가 맺어지기 전까지 시간 순서에 따라 복원해 보자.

왜관의 쓰시마 상인들이 퇴거하고 세견선 무역이 폐지된 이후 동래부는 일본 외무성 관리의 왜관 주재를 묵인하였다. 이는 표류민 송환과 무역 관리, 그리고 왜관 통제를 위한 조치였다. 또한 전쟁 가능성을 염두에 둔 위기 관리의 모습이기도 했다. 그렇다 보니 왜관에서는 상당한 신경전과 탐색전, 그리고 정보전이 전개되었음은 말할 나위 없었다. 동래부로서는 양국 간의 갈등을 통제하고, 출입 선박을 감시하며, 표류민 송환에 각별히 신경을 썼다.

세견선 무역은 폐쇄되었으나 개시 무역은 여전히 이어지고 있었다. 대관소를 통한 전매가 없어지고 대관소가 무역에 간여하지 않게 되면서 동래부는 일본 상인들을 통제하기가 어렵게 되었다. 이는 잠상潛商이 활발하게 활동할 수 있는 배경이 되었으며, 이를 관리해야 하는 부담은 동래부의 현실이었다.

일본 외무성 관리들이 왜관에 거주하는 것은 분명히 기유약조를 침해한 것이지만 폐번치현으로 외교 주체인 쓰시마 번이 없어진 점과 표류민 송환을 그들이 맡아야 하기 때문에 퇴거를 강제하는 것은 좋은 선택이 아니었다. 왜관을 폐쇄하는 것은 국교 단절을 의미했고, 메이지 정부를 부인하는 일로서 전쟁을 초래하는 것이었다. 이는 임진왜란 이후 맺어진 우호관계를 살리지 못하는 것이기도 했으며 동래부가 결정할 사항도 아니었다.

이처럼 한국과 일본 양국의 외교는 기유약조 체제가 붕괴된 채로 겨우겨우 이어지고 있었다.

1

1872년 후반의 왜관

1872년 후반, 하나부사가 돌아간 후 왜관은 매우 조용해졌다. 세견선이 오지 않으므로 연향은 이루어지지 않았고, 훈도는 상황을 보고하기 위해 서울로 떠났다. 얼마 지나지 않아 별차도 대구 병영으로 출장을 떠났다. 이로써 왜관을 담당한 것은 소통사小通事들이었다. 최재수를 비롯한 소통사들만 왜관에 출입하였고 일본도 조선을 자극하지 않기 위해 교섭을 서두르지 않았다. 마치 서로가 인내심 시합을 하는 것 같았다.

무역에 있어서도 누가 먼저 손을 내밀기를 기다리는 모습이었다. 조선은 왜관이 필요로 하는 물품 공급을 지연하거나 중단하면서 상황을 관찰하였다. 그러자 왜관의 외무성 관원들은 잠상을 통하거나 소통사들에게 물품을 구매하였다. 이것마저 여의치 않으면 나가사키의 외무성에 물품 공급을 요청하며 조선에 굴복하지 않겠다는 뜻을 보였다.

외무성 관리인 오쿠 기세이奧義制는 자신들이 왜관에 들어온 이후에도 동래부가 땔감과 숯을 무료로 계속 지급하자 이를 불편하게 여겨 매입할 것을 지시하였다. 그러자 후카미 로쿠로, 히로세 나오유키, 하루타 초주로春田長十郎 등은 동래부와 부산진에서 결정한 것이 아니라 조선 정부의 후의에 의한 것이므로 이를 거절하면 불편한 일이 생길 수 있다고 만류하였다. 어차피 내년(1873년) 봄부터는 반으로 줄어들어 구매할 수밖에 없으니 서두르지 말고 일단 받아들이자며 그를 달랬다.

당시 왜관에서 논쟁이 되었던 특별한 사항 몇 가지를 살펴보자.

왜관 구성원 변화와 진상 미수품 처리

왜관에 도착한 하나부사는 관수 후카미 로쿠로를 유임시키고 외무성 9등 출사의 급여를 지급하였다. 그러고는 외무관리 오쿠 기세이를 학사 겸 감찰로, 간전관 히로세 나오유키를 1대관으로, 통사 하루타 초주로와 통사 스미나가 도모스케住永友輔를 대통사로, 통사 츠카다 기사부로東田喜三郎와 스미나가 게이조住永啓三를 통사 겸 서기로 임명하였다. 관수와 통사를 옛 쓰시마 번 사족으로 임명한 것은 조선의 반발을 피하고, 왜관의 실질적인 변화가 없음을 강조하기 위함이었다. 이로써 왜관은 관수 후카미 로쿠로와 1대관 히로세 나오유키, 그리고 감찰 오쿠 기세이 등 3인이 중심이 되어 유지되었다.

하나부사는 앞으로 조선과 갖게 될 회담에 임하는 요령도 지시하였다.

첫째, 아무것도 변함이 없음을 강조하고 오로지 양국 인민의 안전과 번영을 위해 기초를 확립하도록 서로 주선해야 한다. 둘째, 만일 조선이 왜관 철수를 요구하면 본국의 명령이 있어야 한다는 태도를 취하고 온유한 언사로 거동에 유의한다. 셋째, 대관소의 전매는 금지하고 왜관 상인들이 자유롭게 거래할 수 있도록 조치한다.

가능한 한 동래부를 자극하지 않으려는 태도로 왜관 폐쇄에 이르지 않도록 주의를 주고 있음을 볼 수 있다.

이와 함께 하나부사는 외무성의 지시를 듣지 않은 혐의로 1대관 카이즈 시게타로海津茂太郎를 비롯한 대관들을 강제 귀국시켰다. 하지만 별차는 이들이 모두 귀국해 버리면 조선이 쓰시마에 받아야 할 공무역 물품(진상 미수품)들을 받을 수 없다는 이유를 들어 노문路文(출항증명서) 발급을 거부하였다. 그러자 하나부사는 신임 1대관 히로세 나오유키를 통해 조선에 지급해야 할 물품을 즉시 지급할 터이니 목록을 작성해 달라고 요청하며 표류민도 인수해 줄 것을 요구했다. 이때 하나부사는 조선의 도서를 사용한 노인으로 선박을 왕래시킴으로써 조선의 국법을 준수하는 모습을 보이는 것도 잊지 않았다. 결국 별차는 부산진에서 출항증명서를 발급받아 왜관에 전달하였다.

당시의 상황을 자세히 살펴보면 신임 1대관으로 임명된 히로세 나오유키는 외무성 관리들이 진상 미수품(공무역품)을 가지고 왔으며, 한꺼번에 갚을 것이라고 했다. 그러면서 대관소는 폐지된 것이 아니며 자신이 겸무兼務한다고 설명하였다. 그러자 별차는 대관소가 갚아야 할 진상 미수품 목록을 왜관에 넘겨주었다.

대관소가 폐지되며 대관들이 귀국하는 1872년 9월의 상황을 보면, 조선이 주어야 할 것은 없고 쓰시마가 조선에 지급해야 할 액수가 상당했다. 당시 미수액은 생동 5만 4,561근과 숙동 9,000근 등으로 1년 반 치 정도였다(1년 거래액 : 생동 28,400근, 숙동 6,400근). 메이지 초기에 대수대차사가 메이지 정부의 성립을 알리며 조선이 준 도서를 사용하지 않겠다는 등 갈등을 일으키고 있을 때, 조선이 진상품을 외상으로 하고 하사품을 계속 준 것으로 볼 수 있다. 조선은 쓰시마를 계속 달래면서 은혜를 베풀고 있었던 것이다. 기미정책이 계속되고 있었음을 알 수 있다.

미수품 목록을 주기는 하였으나 조선으로서는 쓰시마(이즈하라) 번의 빚滯品을 일본 외무성에게 받는 것이 조심스러운 일이었다. 이는 쓰시마(이즈하라) 번 소멸을 인정하고 일본 정부와 직접 관계를 맺는 일이었고, 세견선 무역 폐지를 받아들이는 것이었기 때문이다. 조선으로서는 더 많은 정보와 시간이 필요했다. 동래부는 세견선 무역을 회복시키면 미수금을 받겠다고 압력을 가하였다. 경제적 이익을 보여줌으로써 기존의 우호관계 회복을 도모한 것이었다. 왜관의 외무성 관리는 세견선 무역은 폐지되었으며 조선이 준비되면 언제든지 갚겠다고 의사를 표현하면서도 행동으로 옮기지는 않았다. 그대로 유지하고 있는 것이 외교를 지속시킬 수 있는 수단이라 판단하여 서로에게 강제하지 않았던 것으로 보인다. 결국 미수가 해결된 것은 양국의 국교 재개 교섭이 이루어진 이후였다.

표류민 송환의 변화

기유약조에 따르면 조선인 표류민이 일본에 표착하게 되면 해당 지역에서 구호하여 나가사키로 호송하고 다시 쓰시마를 거쳐 조선으로 돌려보냈다. 이때 쓰시마 번주가 영래차왜를 임명하여 표민 송환 서계를 가지고 오면 조선에서는 이들을 극진히 접대하고, 향접위관을 임명하여 네 차례 연향을 베풀었다. 만약 표류민의 배가 부서졌을 경우 배를 빌려서 왔는데(차기선), 이 경우 임대료 의미로 가선즉가미駕船則價米라 하여 대선은 40석, 소선은 30석을 지급하였다.

표류민 송환은 사적 영역이 아니라 공적 영역으로 국가의례(외

交)와 같았다. 따라서 표민 영래 서계에 대한 회답 서계는 표류민을 송환해 준 예도 막부와 표착처 다이묘에게 감사를 표하는 것이었다. 이는 조선에 표류한 일본인을 돌려보낼 때도 마찬가지였다. 예조에서 조선의 어디에 표착한 일본 어느 지역의 표류민을 돌려보낸다는 서한을 첨부하여 왜관에 보내면 쓰시마 번이 송환을 담당하고, 해당 지역의 다이묘가 감사의 서한을 보내왔다.

그런데 1872년 하나부사가 영암 표민 9명과 제주 표민 4명 등 모두 13명을 데려오면서부터 표민 영래 서계가 없어지게 되었다. 공적인 송환 규정이 사라진 것이다. 조선에서는 이를 접대할 명분과 조항이 없어졌다 여기며 매우 당황스러워했다.

다음은 표류민 송환에 따른 연향과 예단 마련, 그리고 잡물 지급 조항이 무의미하게 되었음을 알리는 훈도의 보고다.

> 표민 영래 때 (영래)차왜가 서계를 가지고 오는데, 이 서계를 정납呈納하지 않는 것은 약조에 심히 어긋난 일입니다. 차왜가 없고 서계가 없으니 연향, 예단, 잡물을 마련한다는 조항도 논할 바가 없어졌습니다.
>
> 『동래부계록』, 1872년 9월 20일조

1872년 11월 17일, 쓰시마에 조선인 3명이 표류하자 일본 외무성은 이를 이용하여 훈도의 취관과 모든 배에 비선飛船 노인을 허락하는 계기로 삼을 기회로 보고 계획을 꾸몄다.

우선 상선(중선)에 비선 노인을 주고 이들을 송환하였다. 이 배는 1872년 12월 4일 왜관에 도착한 후 12월 5일 기존의 관례를 깨려고 시도하였다. 그러자 소통사들은 훈도의 지시에 따라서 왜 상선이 비선 노인으로 입항하였는지, 왜 표민 영래 서계를 가져오지 않았는지 질책하였다. 왜관의 외무성 관리들은 일본 정부의 지시에 따른 것이라 주장하며 임관(훈도 · 별차)이 입관하여 이들을 인수해 가도록 요구하였다. 하지만 소통사들은 서계가 없으면 훈도는 입관할 이유가 없으며 접대도 받을 수 없다고 영래 서계를 요구하며 대립하였다.

이들이 절차의 시비를 따지던 1872년 12월 5일 부산에 폭풍우가 몰아쳤다. 이때 부산진으로 향하던 고성의 상선이 왜관 선창 방파제에 부딪쳐 파선하고 7명이 왜관 관리들에게 구조되었다. 이날의 폭풍우로 왜관 방파제가 소실되고 왜관 가옥들이 다수 파손되었다.

구조된 7명과 송환된 표류민 3명을 보호하게 된 왜관에서는 이를 기회로 간주하였다. 왜관의 외무성 관리들은 훈도가 입관하여 이들을 인수해 줄 것을 요청하였다. 그러자 1872년 12월 6일 입관한 소통사는 표류민은 차치하고 구조된 선원들은 정치적으로 이용하지 말고 관례에 따라 즉시 인계해 줄 것을 요구했다. 그러자 그들도 표류민과 함께 넘겨줄 것이므로 임관의 입관이 전제라고 재차 주장하였다.

1872년 12월 8일, 소통사는 다시 입관하여 훈도가 취관하지 않는 것은 훈도의 뜻도, 동래부사의 지시도 아니며 모두 조선 정부의 명령에 의한 것임을 밝혔다. 그러면서 동래부사의 말을 전했다.

우리나라에는 우리나라의 법이 있으며, 왜관지는 우리나라의 땅이다. 우리 땅에서 우리 백성이 조난을 당하였으니 왜관이 제멋대로 하도록 둘 수는 없다. 다행히 지금까지 인명은 무병하다고 해도 내일 어찌 될지 모른다. 만일 환자라도 발생하면 왜관에서 책임이 없다고 말할 수 없을 것이다.

동래부사의 전언을 들은 왜관의 외무성 관리들은 표류민과 조난자들을 억류한 자기들이 도덕적·외교적으로 우위에 있다고 생각하였는데 오히려 외교적 문제가 발생할 수 있다고 인식하게 되어 크게 당황하였다. 실제로 조난자들을 억류하는 것은 상식에 반하는 일이기도 하였다.

그들은 즉시 이즈하라의 모리야마에게 알렸고, 모리야마는 외무성의 지시를 요청하였다. 외교적 갈등을 꺼렸던 외무성은 즉시 송환을 지시하였다. 하지만 외무성의 지시가 도착하기 전 왜관에 억류되어 있던 표류민 3명과 조난자 7명은 1873년 1월 19일(2월 17일) 모두 탈출하였다. 왜관의 외무성 관리들의 무리한 계획이 빚은 결과였다.

왜관에 억류된 지 40일이 지나자 표류민과 조난자들의 불만이 극에 달해 있었고, 소통사는 사태 해결에 앞장서며 급기야 탈출을 도운 것으로 여겨진다. 왜냐하면 왜관은 수문장과 설문장의 허락 없이 드나들 수 없을 정도로 접근이 힘들기 때문에 사전에 소통사와 교감이 없다면 이루어질 수 없는 일이기 때문이다. 『동래부사례』 8을 보면, 1873년 1월 19일(2월 17일) 표류민 3명을 인수했다는 장계가 등장한다. 표류민들이 탈출한 당일 입항한 비선으로 남해 표류민 3명을 송환받았는데 서계가 없어서 힐문하였다는 기록이다. 그리고 표류민인 김갑일 · 곽재일 · 곽도치의 인적 사항도 기재되었다.

동래부는 이 사건을 아무 일도 아닌 것처럼 축소 · 보고하였고, 가능한 한 문제 삼지 않으려 했다. 탈출한 표류민들을 정상적으로 인수받았다고 보고한 것이다. 동래부가 왜관을 탈출한 사람들을 전부 체포하여 원적지로 보냈다고 왜관의 외무성 관리들에게 알린 것은 20여 일이 지난 1873년 2월 14일(3월 12일)이었다. 표류민 억류와 탈출 사건은 상당한 외교 문제로 비화될 수 있었으나 양쪽 모두 침묵했다. 동래부는 표류민을 인수하였으므로 더 이상 문제 삼지 않았고, 왜관의 외무성 관리들은 동래부가 표류민을 탈출시켰다고 의심하면서도 왜관을 유지하기 위해 동래부를 자극하지 않았다.

이 사건 이후 외무성의 지시에 의해 송환된 표류민은 즉시 선창에서 소통사에게 인계되었고, 소통사가 훈도를 대신하여 인수증을 써 주었다. 표류민이 비선(정확히는 비선 노인을 소지한 선박)을 통해 송환되는 것도 관례가 되었다.

노인 문제(입항증명서)

노인路引은 입항 목적을 기록하는 입항증명서였다. 당연히 입항증명서에는 8송사선 중 어떤 배가 입항하는지 표기되어 있었다.

일본 외무성 관원이 왜관을 관리하게 되고, 노인 발급을 외무성 이즈하라 출장소가 담당하게 되면서 외무성은 비선 노인만 발급하기로 결정하였다. 외무성 이즈하라 출장소는 메이지 정부의 도장을 날인하지 않고 조선이 준 도서를 날인하여 노인을 발급하였다. 왜관 폐쇄나 외교 단절을 피하기 위한 배려였다. 다만 조선으로 향하는 선박에 대하여 별도로 승선표를 발행해 소지하도록 한 것이 주목된다.

외무성의 조치에 따라 무역을 목적으로 입항하는 대선大船이나 표류민을 송환하는 선박 모두 비선 노인을 지참하여 들어오게 되었다. 조선은 이러한 변화를 어떻게 받아들였는지 살펴보자.

대관소가 폐지된 후에도 조선의 출입국 관리는 변함이 없었다. 즉, 왜선이 영해로 들어오면 황령산 봉군은 부산진과 동래부에 이를 알렸고, 두모포만호가 전선을 이끌고 나가 이들을 인솔하여 왜관에 입항시켰다. 그러면 훈도는 이들을 문정하고 노인을 첨부하여 예조에 보고하였다. 또 이들이 떠날 때는 부산진에서 노문路文을 발급하였고, 이들의 출항을 부산진과 구봉 봉군이 확인하여 보고하는 전통적인 출입국 관리시스템이 엄정하게 지켜지고 있었다.

1872년 11월 2일, 옥포와 지세포에 표착한 4척의 배 중 3척이 대선임에도 비선 노인을 가지고 있었다. 이들은 현지의 문정에서 대선이 왜 비선 노인을 갖고 있는지 엄하게 조사받았다. 이는 조선의 규정을 무시한 처사였기 때문이다. 이들은 11월 6일, 9일, 그리고 11일 왜관으로 입항하여 또다시 훈도의 문정을 받았다. 이에 대해 동래부사는 비선 노인만을 예조에 올려 보내며 '훗날의 폐가 될 것이므로 노인은 퇴각시키고 배는 즉시 돌아가도록 엄하게 책유'하였음을 보고하였다. 즉 대선이 비선 노인을 가지고 온 것을 거부하였다고 보고한 것이다.

그러나 『조선외교사무서』를 살펴보면 표류하지 않고 왜관으로 직접 도항한 경우 별문제 삼지 않았다. 이 사실은 외무성 관리에 의해 일본 외무성에도 보고된 것을 알 수 있다. 위의 경우는 거제도로 표착하여 이미 조정에 보고가 올라가 있을 것이기 때문에 보고한 것으로 보인다. 1873년 1월 19일의 장계에서는 표류민이 비선으로 송환되었다고 예조에 보고하고 있다. 표민 영래선과 표민 차기선이 사라지게 되는 것이다. 양국은 엄격한 입항 통제로 인한 외교 단절을 피하고, 표류민 송환과 무역을 유지하기 위해 노인에 대해 합의하지 않을 수 없었던 것이다.

여러 차례 논의 끝에 결국 1872년 12월에는 모든 선박이 비선 노인을 가지고 입항하는 것에 대한 합의가 이루어졌음을 왜관의 외무성 관리들이 외무성에 보고하였다. 이는 표류민 송환이나 무역을 위해서 조선 동래부가 받아들인 것이었다.

격하된 외교 관계

기유약조가 붕괴된 후 왜관에서 이루어진 외교 교섭을 한마디로 표현한다면 '외교 관계의 격하'라고 할 수 있다. 조선 동래부에서는 임역의 역할을 소통사가 담당하였고, 일본은 관수를 대신하여 통사·간전관이었던 히로세 나오유키가 회담에 임했다. 물론 오쿠기세이가 뒤에서 통제하며 이즈하라에서 모리야마가 업무를 총괄하였지만, 실질적으로 양국의 교섭은 '훈도↔관수' 급에서 '소통사小通事↔통사通詞' 급으로 격하되었다.

1873년 10월 23일, 훈도가 귀임한 후에도 여러 차례 회담이 이루어졌고 『응접류서應接類書』에 대화록이 남아 있다. 이 역시 소통사를 통해 이루어졌다. 소통사 최재수, 박기종, 김채길 등이 왜관의 1대관 히로세 나오유키와 통사 츠카다 기사부로, 스미나가 게이조와 회담한 모습이 『조선외교사무서』에 전한다. 1873년 11~12월까지의 대화 내용은 주로 일본이 훈도의 취관을 요청하고, 조선은 세견선 무역이 복구되고 서계가 와야만 훈도와 별차가 취관할 것이라고 하는 내용이 반복된다.

2

1873년의 왜관

무역

1873년, 이즈하라의 외무성 관리는 비선 노인으로 대선이 왜관에 무사히 입항한 것에 고무되어 일본 상인들에게 상로를 개척하도록 격려하였다. 이는 쓰시마 원조 비용을 보충하고자 한 것으로 일본의 대상인들이 조선 무역에 관심을 갖는 계기가 되었다.

이때 미쓰이三井, 미쓰비시三菱 상인들도 쓰시마 상인으로 가장하거나 쓰시마 상인을 고용해 왜관으로 건너왔다. 좋은 물건을 싸게 판매한다면 조선에서 상로를 개척할 수 있으리라 생각한 것이다. 그러나 쓰시마 상인들은 기득권을 지키기 위해 이들을 잠상이라고 고발하였고, 동래 상인들도 이에 동조하였다. 동래부가 잠상 단속에 착수하자 조선을 자극하지 않으려는 왜관 관원들의 요청에 의해 외부 상인들은 철수하였다.

기유약조가 붕괴되고 세견선이 입항하지 않으면서 공무역은 단절되었다고 보는 것이 타당하다. 하지만 매년 예조로 올라가던 공무역 진상품은 바로 단절되지는 않았다. 아마도 사무역을 통해 조달되지 않았을까 생각된다. 여기에 대해 살펴보자.

1872년 9월 28일, 신미조 2특송사 2호선이 공작미와 공목을 싣고 떠난 후 세견선은 들어오지 않았다. 왜관에서는 공무역 답례품으로 공목 665동과 공작미 13,333석을 매년 준비해 두고 있었다. 1872년 말 『동래부계록東萊府啓錄』에 의하면 임신조 8송사가 진상하지 않았으므로 먼저 준(선위입급) 공목과 공작미를 제외한 공목 557동 4필 17척과 공작미 11,333석 5두가 남았다. 1873년 말에는 이 공목이 114동 40필 17척, 공작미가 4,813석 5두가 남았다. 즉, 1873년에는 공무역으로 공목 442동 14필과 공작미 6,512석이 소모되었음을 알 수 있다. 이로 미루어 볼 때 공무역은 1873년에도 평소의 70퍼센트 정도 행해지고 있었다. 또 왜관의 외무성 관리의 보고로 3월, 4월, 7월, 10월 등 4개월의 수출입 상황을 볼 수 있다. 아쉽게도 1년 전체의 수출입 보고서는 찾을 수 없지만 대략적인 상황은 추론할 수 있다.

〈표〉 1873년 수출입 조서

월(양력)	조선→일본	일본→조선
3월 중	목면 988필을 비롯 2,215관 217문	정동(丁銅) 9,300근을 비롯 5,217관 805문
4월 중	콩, 팥, 쌀, 목면 등 4,036관 307문	정동, 고동(古銅)을 비롯 4,513관 200문
7월 중	목면, 우피 등 5,043관	정동, 고동, 당목면을 비롯 4,719관
10월 중	우피(5,910관), 목면(607관) 등 8,125관 150문	당목면(1,419), 정동(2,027) 등 6,529관 830문
계	19,419관	20,978관

위의 표에서 알 수 있듯이 4개월간 이루어진 수출은 19,419관, 수입은 20,978관이다. 수출입이 각각 2만 관이라 하고 월평균을 가정하여 계산하면 대략 1년에 각각 6만 관의 수출입이 이루어진 셈이다. 이는 조선 돈으로 계산하면 각각 60만 냥으로 평상시 공무역 수출액이 약 33만 냥(공목 665동×50×6+쌀 13,333석×10=약 20만 냥+13만 냥)이므로 단순 계산만 해도 1년간 이루어진 공무역 수출액보다 훨씬 많다. 수입도 마찬가지였다. 앞으로 여기에 대한 연구가 기대되며 기유약조 붕괴 이후에도 형태는 다르지만 무역은 계속되었다는 점이 확인된다.

또 한 가지 흥미로운 점은 조선이 왜관의 외무성 관리를 통해 무기 수입을 시도한 사실이다. 비록 이루어지지는 못하였지만 그 과정이 매우 흥미롭다.

〈그림 5〉 4근 산포의 모습

1873년 5월 31일, 야마가타 아리토모山縣有朋 중장은 산포山砲를 조선에 팔아도 무방하다는 견해를 피력하였다. 이는 이전에 왜관 공관장 히로쓰 히로노부가 소통사 최재수의 요구로 조선이 대포 구입을 요청한다며 외무성에 대책을 질의하자 외무성이 육군성에 의뢰하여 얻은 답이었다. 이를 근거로 1873년 6월 30일, 외무성은 육군성에 공문(1035호)을 보내어 1873년 7월 7일 조선에 수출할 산용포山用砲(바퀴가 있는 대포) 6문과 왜관에 보관할 7연발 소총 30정, 피스톨 10정을 구입하였다. 외무성은 이 대포의 가격을 4근포[70엔(518냥)/문, 탄약 75전(5.5냥)/발]로 결정하였다. 대포 6문에 포탄 500발 정도였다면 5,858냥에 해당하며 쌀 586석의 가격이었다. 외무성은 저렴한 가격으로 조선에 무기를 제공하여 일본 무기의 우수함을 보여줌으로써 조선과의 회담에서 우위를 점하고자 하였다.

1873년 8월 8일, 외무성에서는 왜관의 히로쓰 히로노부에게 대포 6문과 피스톨 10정, 7연발총 30정을 보낼 것이니, 조선이 요청한 대포는 건네주고 나머지는 보관하고 필요하다면 팔라고 지시를 내렸다. 1873년 9월 11일, 13등출사 야마노조 스케나가山之城祐長가 대포를 싣고 이즈하라에 도착하였다. 이때 무기를 싣고 조선으로 가는 배가 화륜선이어서 곤란하다는 주문으로 화선和船(일본배)으로 옮겨졌다. 그런데 1873년 10월 2일, 조선이 주문한 대포와 탄약을 실은 하치만마루八幡丸가 풍랑에 휩쓸려 파선되는 바람에 결국 판매는 이루어지지 않았다.

정한론이 일어나고 있던 시절에 무기를 사려는 조선이나 이를 팔려는 일본의 의도는 매우 흥미롭다. 조선은 1872년 쓰시마 상인에게 무기를 구입한 전례를 통해 무기 구입을 의뢰함으로써 일본의 의중을 살피고자 하였고, 일본은 일본제 무기를 판매함으로써 힘의 우위를 알리고자 함이었을 것이라 추측해 본다.

왜관의 공관화 시도

1873년 4월 1일(음 3월 5일), 외무성 7등출사 히로쓰 히로노부가 왜관에 도착하여 공관장을 맡자 관수인 후카미 로쿠로는 면직되어 이즈하라로 전근을 갔다. 그와 함께 대통사 하루타 초주로의 자리도 외무성 13등출사 야마노조 스케나가가 대신하였다. 이제 왜관은 외무성 관리들로 채워지며 이들이 전면에 나서기 시작하였다. 당시 관수에서 공관장으로 명칭을 변경한 것은 왜관을 일본 외무성 공관으로 바꾸려는 의도였고, 깃발을 게양한 것도 그런 이유였다.

히로쓰 히로노부는 가능한 한 온유하게 왜관을 유지하려고 노력하였다. 그 일환으로 1873년 4월 28일, 그는 소통사들과 회담하며 '이전에는 1대관소에서 표류민을 인도하였으나 이제는 항구에서 히로세 나오유키, 오쿠 기세이, 쓰카다 기사부로, 스미나가 게이조 등이 출장하여 표민 문정서를 첨부하여 배소통사에게 인계하고 배소통사의 수령증을 받도록 하겠다'라고 했다. 그러면서 평안도 표민 4명과 시체 3구, 전라도 강진 표민 6명을 인도하였다. 이로부터 더 이상 표류민 인수인계를 둘러싼 신경전은 없었다. 이에 대해 동래부는 왜관의 변화를 주의 깊게 살피며 대응을 자제하였다. 대응을 하는 것은 곧 말려드는 것이라 생각한 것이다.

1873년 4월 5일(5월 2일), 별군관 우두머리가 별군관을 이끌고 선창 및 왜관 내외 석담 등을 시찰한다고 알렸다. 원래 왜관에는 관직館直이라 하여 매일 30명 정도가 입관하여 조시와 왜관 관리를 담당하고 있었다. 이에 대해 오쿠 기세이 등은 조선 군관들이 왜관에 마음대로 들어오는 것을 허용해서는 안 된다며 대책을 논의하였다. 그는 왜관을 공관으로 간주하고 치외법권 지역으로 만들고자 하였다. 『조선외교사무서』에는 동래부 군관들이 무장을 하고 왜관을 순시하는 것에 불만을 토로하는 일본 외무성 관리들의 모습이 나타난

다. 그러나 히로쓰 히로노부는 이들이 입관하는 것은 관례이며, 이를 막으려면 전쟁을 불사해야 함을 알렸다. 그는 왜관이 동래부 관할임을 알고 있었던 것이다.

일본 외무성이 왜관을 공관이라 부르고 의미를 부여하였지만 동래부는 이를 무시하고 의미 부여도 하지 않았다. 다만 매년 정월과 7월에 훼손 상태를 점검하여 수리하는 등 과거와 같이 관리할 뿐이었다.

왜관 선창 관리

왜관 관할 문제와 더불어 소유권 문제로 파생될 수 있었던 관리 문제를 살펴보겠다. 일반적으로 왜관 선창은 임소에서 상태를 관리하고 문제가 발생하면 부산첨사가 수군을 동원하여 보수하는 것이 관례였다. 1872년 12월, 부산에 휘몰아친 폭풍우로 왜관의 선창이 크게 파손되자 12월 7일(1월 5일) 왜관 관원은 소통사에게 선창 수리를 요청하였다.

하지만 세견선이 들어오지 않아 선창을 사용하지 않아서였는지, 한겨울이어서 그랬는지 동래부는 선뜻 움직이지 않았고 공사가 진행될 기미조차 보이지 않았다. 그러자 1873년 3월 11일(4월 7일), 오쿠 기세이는 왜관 외무관원이 직접 선창 수리에 나서겠다는 뜻을 밝혔다. 동래부는 바로 수리 명령을 내렸다. 만약 왜관 선창을 일본 외무성이 보수하게 된다면 당연히 선창 일부의 소유권을 주장할 우려가 있었기 때문이다. 동래부는 곧바로 수리할 것임을 왜관에 전했다. 당시 상황은 훈도가 최재수를 통해 오쿠 기세이에게 보낸 글에 나타나 있다.

> 지난 난출과 대관소 철수 당시 서로의 견해 차이가 있음은 여러 차례 확인하였다. 자세한 상황은 별군관이 보낸 글에 있으므로 이를 참고하기 바란다. 선창을 수리하는 일은 옛날에는 관수에게 말하여 임소에서 하달하여 인부를 차출하고 쌍방 역원이 입회하여 처리하였는데 지금은 그렇게 할 수 없다. 그러나 원래 막대한 인원을 들여서 축조한 우리나라의 토지요, 우리나라의 선창이므로 대관소가 철수하였다고 해서 그대로 방치하기는 어렵다. 지난 풍파에 의해 파손이 더욱 심해지는 상황이니 너희들이 분주하게 요청한 뜻을 듣고 수리하기로 하였다.
>
> 『조선외교사무서 6』, 제24호 보고문

1873년 6월 중순, 동래부 7개 진鎭에서 선창 공사 구간을 분담하고 수리에 들어갔다. 일부 연구자들 사이에서는 '왜관 침탈' 혹은 '왜관 강점' 등 자극적인 표현으로 당시를 설명하고 있지만 왜관을 침탈당하지 않았음을 확인할 수 있다.

전쟁 대비 훈련

한편, 전쟁에 대한 정보는 쉬지 않고 동래부에 전해졌다. 1873년

1월, 일본에서 징병령이 선포되었고 이는 조선과 타이완을 상대로 전쟁을 벌이려는 것이라는 소문이 무성했다. 이 소문은 무역 독점권을 박탈당한 옛 대관소 상인들에 의해서도 전해졌다.

1873년 6월에는 수문을 통해 상인들이 들어와 무역이 다시 활발하게 전개되었다. 이때의 기록을 보면 도중들이 공공연히 출입하기 시작하였다고 한다. 훈련이 끝나고서는 다시 우호를 중시한다는 모습을 보이고 있는 것이다. 조선은 평화와 우호를 원하지만 일본의 침략에 대해서 충분한 방어 준비를 하고 있다는 메시지를 전하고자 한 것이었다.

1873년 6월 10일, 히로쓰 히로노부가 병가를 얻어 부산을 출발하여 쓰시마에서 휴양하고, 쓰시마의 조선어학소朝鮮語學所를 왜관으로 옮겨 왔다. 1873년 9월 1대관을 겸하고 있었던 히로세 나오유키가 질병으로 사직원을 제출한 것을 끝으로 쓰시마 출신 관리들이 모두 귀국하게 되었다. 왜관에서 외무관원이 모든 것을 장악하고 조선과 관련이 있었던 쓰시마의 관리들이 모두 물러서는 데 1년이라는 세월이 필요하였음이 주목된다. 이제 오쿠 기세이가 1대관을 겸하며 1873년 7월에 권중록으로 승진하였다.

초량 객사 수리와 왜관 관원 초대

1873년 8월, 동래부는 초량 객사를 수리하기 위해 전패殿牌를 부산성 영가대로 이전하였다. 1873년 10월에는 의장대를 앞세운 무력을 과시하며 전패를 다시 안치하고, 왜관의 일본인들에게 잔치를 베풀었다. 객사는 일본 사신들이 숙배하는 곳으로 이를 수리하고 잔치를 베풀었다는 것은 우호의 길이 열려 있음을 일본에 알린 것이다. 또한 의장대 훈련을 겸한 것은 전쟁을 막기 위한 무력시위로 보인다. 왜관 관원은 『외교사무서』에 전패를 옮기고 환안할 때의 모습을 자세히 기록하였다.

1873년 9월 22일(음 8월 1일), 외대청 수리를 하기 위해 전패를 부산성으로 이전하였습니다. 왜관 상인들도 구경하도록 하여 오쿠 기세이, 쓰카다 기사부로, 스미나가 게이조 등이 같이 구경하였습니다. 전패를 홍색 비단으로 감싸서 가마에 태워 전후좌우에 깃발을 걸고, 총대 · 창대 · 고적대 등을 인솔하여 동래부사를 비롯해 다대포 · 부산 등 각 진의 첨사들이 배종하여 총 500~600명이 행진하였습니다. 갑옷을 입은 사람도 있었지만 대체로 입지 않았습니다. 그중에는 승병대도 있었는데 일반 병사와 다를 바 없었습니다. 행사는 오후 3시경에 모두 끝났습니다.

1873년 10월 20일, 외대청 수리가 끝나고 다시 전패가 돌아왔습니다. 이날도 병사들이 동원된 행사가 있어서 오쿠 기세이 등이 관람하였습니다. 행사는 이전과 같았지만 인원이 늘어나 1,200~1,300명에 달했습니다. 전패를 옮기고 총대 · 창대 · 기수단 등이 3~4회 좌우로 달리고 끝났습니다.

배소통사 박사원이 오쿠 기세이 등이 관람하는 곳으로 와서 임소로 초대하고 방문을 요청하였습니다. 한잔하고 나가는 길에 동래부에서 쇠고기와 술 한 병을 선물로 가지고 와서 마셨습니다. 관람한 왜관 상인들에게 동래부사의 명으로 임소에서 잔치가 열렸습니다. 술과 쇠고기를 왜관에 나누어 주기도 하였습니다.

1873년 10월 22일, 배소통사 김채길이 임소를 방문한 답례로 입관하여 스미나가 게이조를 면회하였습니다.

왜관 외무관원들에게 전패 이동 구경을 허락하고 또 임소에서 잔치를 벌여 술을 대접하고 술과 쇠고기를 왜관에 나누어 준 모습은 객관이 기능을 발휘하기를 기대한다는 의미였다. 즉, 조선은 손님을 맞이할 준비가 되어 있다는 표현이었다.

1873년 10월, 오쿠 기세이가 1대관을 겸하자 외무성의 왜관 관리는 점차 강화되었다. 야마노조가 별감을, 아라카와 도쿠시게荒川德滋가 간전관과 어학소 교수를 담당하고 쓰카다 기사부로와 스미나가 게이조는 조교수로 강등되었다.

이제 1873년에 등장한 '정한론 정변(메이지 6년의 정변)'에 대해 살펴볼 때가 되었다. 오랫동안 정변이 일어난 원인은 조선이 외교 관계를 거절하였기 때문이라며 조선 책임론이 제기되었다. 심지어는 대수대차사 서계를 거부하였기 때문이라는 주장도 있다. 하지만 대수대차사는 1872년 2월에 귀국하였고 이 문제는 이미 지난 일이 된 상태였다. 조선이 아직 받아들이지 않은 것은 1872년 3월에 가져

온 외무대승 소 요시아키라의 서한이었다. 동래부가 이 서한에 대해 3년이라는 시간을 두고 신중하게 바라보고 있었음은 이미 언급하였다.

3

정한론 정변

(메이지 6년의 정변)

메이지 정부의 강경파는 '만국대치, 부국강병, 국위선양' 등을 국시로 내세우며 왜관을 장악한 후 조선을 굴복시킬 방안을 모색하였다. 이들은 프러시아를 모델로 삼아 국민군을 편성하고 조선과 타이완을 국위를 선양할 '무대'로 만들고자 하였다. 이를 위해 징병령을 공론화하는 한편 당장에 이루어야 할 시급한 문제라고 강조하였다.

1873년, 드디어 강경파가 고대하던 징병제가 선포되자 일본 농민들은 조선이나 타이완 정벌에 동원되어 죽게 될 것이라고 두려워하였다.

왜관을 통해 계속해서 조선의 군사 정보를 받았던 메이지 정부는 이제 전쟁의 구실만 찾으면 된다고 생각하고 있었다. 그리하여 1873년 10월 사이고 다카모리는 자신이 조선에 사절로 가겠다고 자청하였다. 이는 목숨을 걸고 전쟁 구실을 얻을 터이니 그사이 메이지 정부는 전쟁 준비를 완료하여 출병하라는 뜻이었다. 그의 결단은 메이지 천황의 결재까지 얻었으나 이와쿠라 도모미가 이끄는 사절단이 귀국하여 시기상조론을 내세워 반대하였다. 사이고의 파견은 정쟁의 대상이 되어 결국 실현되지 못하였다.

결국 이 정쟁으로 메이지 정부는 분열하여 사이고 다카모리를 비롯한 정부 수뇌들은 사직하였고, 오쿠보 도시미치와 사절단에 포함되었던 인사들이 정권을 장악하게 되었다. 이를 '정한론 정변' 또는 '메이지 6년의 정변'이라고 한다. 오늘날 가고시마 역사관에서는 사이고 다카모리가 사절 파견을 주장하였을 뿐 정한론자가 아니며 '견한론자'라고 역설하고 있다. 침략론자라는 비판을 벗어나고자 하는 인식이다. 시대의 변모를 몸소 느끼게 하는 현장이다. 사이고 다카모리가 '조선 침략(정한)' 구실을 얻으려고 조선에 사절로 가려고 했다는 사실은 변함없다.

정한론에 대한 초기 연구로는 나가누마 구마타로長沼熊太郎의 유고를 출판한 『정한론 분열의 시말征韓論分裂始末』이 있다. 이 책은 1877년 세이난西南 전쟁 직후이자 정한론 분열 당시 내각 서기관이었던 그가 직접 보고 들었던 사실을 기술한 것으로 사료적 가치를 지닌다.

그는 이 책에서 양 파벌의 대립을 상세히 설명하였다.

> 양당의 알력은 꼭 정한 논쟁에만 있었던 것은 아니며 그 연원이 깊다. …평소의 정론을 보면 서로의 지론이 일치하지 않는 부분이 누적되어 정한을 계기로 대립이 밖으로 표출된 것에 불과하다.
>
> 『정한론 분열의 시말』

아울러 정한론이 일본의 힘을 과시하여 외국과의 조약 개정 교섭을 유리하게 전개하기 위해 등장한 것이었다고 기술하고 있다.

이후 게무야마 센타로煙山專太郎의 『정한론 실상征韓論實相』에서도 조선의 거절이 정한론의 원인은 아니라고 파악하고 있다. 하지만 식민지 지배를 거치면서 일본 학계에서 정한론이 등장한 원인이 조선의 거절 때문이라 규정하여 통설이 되었다. 1978년 모리 도시히코毛利敏彦의 『메이지 6년의 정변 연구明治6年政變の研究』가 나온 후 '정한론 정변'이라는 표현이 위축되었으며 학문적으로 '메이지 6년의 정변'이라 부르게 되었으나 아직 일반에서는 '정한론 정변'이라는 표현이 더 일반적이다.

앞서 '메이지 6년의 정변' 와중에도 양국 간의 외교 교섭이 지속되고 있었음을 살펴보았다. 그 예로 초량왜관 선창을 수리해 주어 왜선이 입항할 수 있도록 해 준 일, 조선이 일본 외무성에 무기 구매를 요구하고 외무성이 육군성을 통해 무기를 판매하려고 하였던 일, 초량객사를 수리하면서 왜관의 외무관료들을 대접한 일, 류큐(오키나와)에서 가고시마로 회항하던 상선이 제주도에 표착하자 조선 수군은 엄중히 관리하여 1874년 11월 22일 부산에서 송환하여 외무대승 야나기하라 사키미쓰柳原前光가 1875년 1월 8일 히로쓰 히로노부를 통해 감사의 뜻을 전한 일 등을 들 수 있겠다. 비록 일본 중앙 정부에서는 조선과의 전쟁을 둘러싼 정변이 발생하고 있었지만 외교 현장은 변함없이 움직이고 있었음을 확인할 수 있다. 이는 외교가 정치와는 달리 관료적인 논리를 가지고 있음을 알 수 있게 한다.

4

고종의 친정과 한일관계 회복을 위한 노력

고종高宗은 일본에 대한 관심이 지대하여 1873년 9월 청에서 돌아온 사절단에게 청에 있는 일본인들의 정황과 복색을 물었으며, 1873년 11월에도 일본의 정세에 지속적인 관심을 보였다.

1873년 12월 24일, 고종은 친정을 단행하며 이유원李裕元을 영의정으로, 박규수朴珪壽를 우의정으로 임명하고, 1874년 1월에는 경상감사를 김세호金世鎬에서 유치선兪致善으로, 동래부사를 정현덕鄭顯德에서 박제관朴齊寬으로 교체하였다. 아울러 1874년 4월 7일에는 박정양朴定陽을 영남좌도 암행어사로 임명하며 동래부 왜관의 동태와 일본의 동향을 파악하라는 특지를 내렸다. 이러한 인사는 고종이 대일 외교라인을 불신하였음을 보여준다.

1874년 3월 13일, 조선이 대대적인 인사 조치를 단행하자 왜관의 오쿠 기세이는 동래부사 · 훈도 · 대구감사 · 수군절도사 · 다대첨사 등이 전원 교체되었음을 알리며 이는 흥선대원군興宣大院君이 권력을 잃은 것과 관련이 있다고 외무성에 보고하였다.

1874년 6월 22일, 암행어사 일행인 교리 유진학兪鎭學과 우라세 모스케浦瀨最助의 대화와 1874년 8월 15일 남효원南孝源과 우라세 모스케의 대화를 보면 새로운 외교 관계가 모색되고 있음을 알 수 있다. 아래는 1874년 8월 15일 남효원과 우라세 모스케가 나눈 대화이다.

남효원 : 제가 일찍이 도성에서 들은 말이 없는 것은 아닙니다만 당신의 말과는 많은 차이가 있습니다. 듣기로는 귀국이 아무 이유도 없이 돌연히 우리에게 황칙을 받들라고 강요하였기에 우리도 귀국의 행함이 불량하다고 하였습니다. 그러나 지금 듣고 보니 왕정복고의 연유가 명확하니 불량이라 할 수 없겠습니다. 그러나 갑국甲國과 을국乙國이 …해서 우리가 거절한 것도 온당한 것입니다.

(중략)

그러면 임신년 이전의 사적은 전착詮鑿이 됩니다. 세견선 입송을 위해 우리 정미를 저축하여 부창釜倉에 있는데 당초 세견선이 중지된 연유는 무엇입니까.

우라세 모스케 : 귀국이 서계의 형식이 다르다고 하여 거절하였기 때문입니다.

남효원 : 금후 우리나라가 준 도서는 사용하지 않을 것입니까.

우라세 모스케 : 하사받은 은인銀印을 사용할 것입니다.

남효원 : 우리가 준 도서는 우리의 신임을 의미하므로 우리가 현재 관직 · 성명을 주조하여 주면 어떨까요.

우라세 모스케 : 이미 천황이 하사한 인장이 있는데 어찌 따로 도장을 사용할 수 있겠습니까. 하지만 왕래하는 선박에는 그대로 사용합니다.

위 대화를 보면 우라세 모스케가 외무성의 의도를 명확히 파악하지 못하고 있음을 알 수 있다. 그는 세견선이 중지된 이유가 서계 거절 때문이 아님을 파악하지 못하고 있다. 대수대차사 서계가 접수되었다면 세견선의 왕래가 계속될 수 있었을 것이라는 믿음이 여전하다. 세견선이 중지된 것은 폐번치현 때문이며 메이지 정부의 강력한 의지였음을 납득하지 못하고 있다.

1874년 8월 20일, 소통사 김복주 · 김동헌 등이 입관하여 신임 동래부사 박제관의 지시를 다음과 같이 전하였다.

- 신임 훈도는 9월 중순이면 꼭 온다고 알렸으므로 관장(당시 왜관 공관장, 모리야마 시게루)이 천천히 돌아가도록 할 것.
- 훈도 안동준은 유죄로 압송되었음.

- 일본은 '황', '칙'의 자구를 쓰지 말고 '조정', '조명(朝命)' 등의 자구를 쓰기를 바람.
- 양국의 서계 왕래는 외무성-예조판서, 외무대승-예조참판 등대로 함.
- 서계에는 일본 정부의 도장을 찍어도 무방함. 그러나 봉투(노인)에는 조선이 준 도서를 찍는 것이 혹시 표류가 발생하더라도 조회하기가 편리하니 이를 잘 타협할 것.
- 최재수는 동래부에 투옥되었음.

그동안 일본과 빚었던 외교 갈등의 책임을 훈도에게 떠넘기고 있음을 알 수 있다.

양국의 관계는 남효원과 대화한 이후 상당한 진척을 보였다. 특히 도서 문제가 매우 합리적으로 해결되고 있음을 알 수 있다. 서계에는 일본 정부의 도장을 찍고 노인에는 조선이 준 도서를 찍어 조회하기에 편하게 하자고 한 것은 서계 발송인이 대마도주에 한정되지 않을 것이기 때문에 당연한 일이었다. 쓰시마가 조공 혹은 감합무역의 상징이라고 선전하며 '일본의 치욕'이라고 문제를 크게 만들었음은 앞에서 살펴본 바와 같다.

1874년 8월 28일, 동래부 안핵사 대솔군관인 대범곡大凡谷이 왜관을 방문하였다[전 통사 임삼이(林三伊)를 통해 암행어사 수행원 이죽헌(李竹軒), 이덕향(李德鄕), 대범곡이 방문한 것으로 이덕향은 암행어사의 백부로 참모임]. 이때의 상황은 『외교사무서』 9에 잘 나타나 있다.

모리야마 시게루 : 여러분을 뵙게 되어 참으로 기쁩니다.

일행 : 참으로 그렇습니다. 수년간 단절된 상황 속에서 중간에 있었던 사람들이 귀국의 성의를 우리 조정에 알리지 않았기 때문입니다. 그리하여 전 동래부사 정현덕은 유배되고, 훈도 안준경과 배소통사 최재수도 투옥되었습니다. 이 외에 연루된 사람들은 모두 포박하였습니다. 그러니 이를 양해하고 우호만을 주선해 주시기 바랍니다.

(중략)

모리야마 시게루 : 동래·부산 양쪽 사또가 이곳으로 오시든지 제가 가서 면회를 하는 것이 좋을 것 같습니다.

일행 : 신임 훈도가 도착하면 훈도와 숙의하시기 바랍니다. 세견선에 대비하여 비축한 쌀 수천 가마가 부창釜倉에 있는데, 지금 이것을 받아들이면 어떠한가요.

모리야마 시게루 : 세견선도 개정하지 않으면 안 됩니다. 이미 1872년 가을에 쓰시마의 부채 3동 3품을 가지고 와서 귀국에 갚으려고 하였습니다만 거절당하였습니다.

1874년 9월 3일, 신임 훈도 현석운은 왜관의 모리야마 시게루와 회담하였다. 이날 모리야마 시게루는 양국 국교 재개의 기초안 3개조를 제시하였다.

모리야마 시게루 : 일본이 '황'을 칭하고 '칙'을 칭하는 것은 세계가

인정한 것으로 서계에 이를 기재하는 것은 아무런 방해를 받아서는 안 된다. 왜 이를 가지고 시비를 거는가.

훈도 : (웃으며) 조정이라고 하면 되지 않겠는가.

모리야마 시게루 : 우리 외무경은 참의를 겸하므로 귀국의 좌우의정에 비견된다. 그러나 외교를 전담하므로 귀국 예조판서와 등대한다. 또 대승은 참판에 비견된다.

훈도 : 외무경과 판서는 동격이다. 그러나 대승은 4위이다. 우리 참판은 정2위이다.

모리야마 시게루 : 귀국 국왕이 우리나라에 오면 몇 품인가. 옛날 쇼군이 종2위에서 종1위였고 그와 등대하였음은 어찌 된 일인가. 우리 외무경은 정4위이나 청국 공친왕, 이홍장 등과 필적의 예를 취한다. 귀국은 공친왕, 이홍장 등과 필적할 사람이 누인가. 우리 관위는 훈공이 있는 자에게 주는 것이다. 귀국은 청국에 비할 바가 아니다.

훈도 : (얼굴을 붉히며 말을 하지 않음)

모리야마 시게루의 폭언에도 회담은 계속되었으며 절목이 작성되었다. 그 내용은 1872년 3월에 도착한 서계를 수리하거나, 새로운 서계를 보내오면 받기로 하거나, 조선에서 통신사나 도해역관을 도쿄로 파견하여 외무성과 직접 절목을 협의하는 것이었다. 훈도와 동래부사는 이를 정부에 질의하였다.

1874년 9월 19일, 현석운과 모리야마 시게루의 회담에 대한 의 정부의 회하回下가 내려졌다. 두 번째 안, 즉 일본이 서계를 고쳐 오면 이를 받겠다는 취지였다. 동래부 안핵사 대솔군관 대범곡은 1874년 9월 24일 왜관을 방문하여 금위대장 조영하의 친서를 모리야마 시게루에게 전달하였다. 그 역시 1874년 9월 25일 답서를 보냈으며, 이에 따라 훈도 현석운은 1874년 9월 28일 모리야마 시게루와 회담하였고 새로운 조약 체결의 실마리가 열렸다. 다시 왜관에 훈도가 빈번하게 입관하게 되었다.

1874년 10월 2일, 신임 동래부사 박제관은 별차 현제순을 보내어 위의 사실을 확인하는 서한을 모리야마 시게루에게 보냄으로써 동래부사와 모리야마 시게루 사이에 공식적인 합의가 이루어졌다. 이로써 1874년은 고종의 친정으로 왜관에서 새로운 조약이 맺어지기 위한 대화가 본격적으로 이루어진 해라고 할 수 있다.

5

전쟁 위기와 극적인 타협 -조일수호조규 체결

1875년 2월 24일, 이사관으로 승진한 모리야마 시게루는 부산에 도착하여 작년의 합의에 따라 외무경[데라지마 무네노리(寺島宗則)]과 외무대승(소 요시아키라)의 서계를 지참하고 동래부 이사관 영접을 요구하였다. 이 서계에는 도서 반환과 신인新印 사용에 관한 내용이 들어 있었다. 동래부사 황정연黃正淵은 이를 중앙 정부에 알려 지시를 요청하였다.

그러자 조선 정부에서는 1875년 3월 16일, 일본의 서계가 지난번 합의한 것과 차이가 있으며, 도서를 반납하고 노인을 일본 외무성이 작성하는 것은 동의할 수 없다며 회하를 내려보냈다. 그러면서 이사관 영접은 거행하되 서계는 수정할 것을 요구하였다.

하지만 모리야마 시게루는 연향대청 정문으로 통행하고 대례복을 착용하겠다는 뜻을 굽히지 않았고, 서계 수정 또한 불가능하다고 강하게 반발했다. 그러고는 서계를 거부한 것에 대해 조선은 책임을 져야 할 것이며, 조선이 전쟁을 도발한 것과 같다고 선언하였다. 그러면서 1875년 3월 30일 일본 정부에 히로쓰 히로노부와 오쿠 기세이를 송환하고 군함을 파견하여 조선을 위협해야 한다고 상신하였다. 그는 일본에 유리한 조약을 맺기 위해서는 전쟁을 일으켜야 한다고 판단하였다.

강대강 구도는 계속됐다. 1875년 4월 9일, 조선 정부는 연향을 베푸는 것이 특별한 배려인데 이를 이해하지 못하고 이사관의 대례복 착용, 연향대청 정문 출입, 도서 개편 등 새로운 것을 요구하는 것은 부당하다며 연향은 구례에 따를 것을 지시하였다. 1875년 5월 9일, 훈도가 구례에 따라 연향을 설행設行할 것임을 통고하자 5월 18일 회담은 결렬되고 말았다. 1875년 5월 21일 태풍의 핵 속에 있었던 동래부사 황정연은 대죄하며 사직을 원하고 중앙 정부에 지휘를 요청하였다.

1875년 6월 9일, 무거운 분위기 속에서 이유원, 김병학, 홍순목, 박규수, 김병국 등 34명의 중신들이 모여 대일관계 회복을 위한 회의를 열었다. 이때 다수가 일본과의 전쟁을 피하자는 의견에 뜻을 모았으나 세 가지 이유를 들어 허접許接은 하지 않는 것으로 결론을 내렸다. 이에 따라서 조선 정부는 1875년 6월 24일 동래부에 일본을 달랠 것을 지시하고, 김계운金繼運을 당상역관으로 내려보내 동래부의 회담 자율권을 축소시켰다. 이는 조선이 전쟁을 원치 않으며 일본에 인내하겠다는 표현이었다. 그러나 일본이 요구하는 바는 허용하지 않았다.

1875년 7월 17일, 부산에 도착한 김계운은 7월 19일에 훈도(현석운)와 별차(현제순)를 이끌고 왜관에 들어갔으나 모리야마 시게루는 회담을 거부하고 귀국하였다. 그는 전쟁이 불가피할 것이라고 단언하였다.

1875년 8월 6일, 고종은 선후책을 논의하게 하였다. 이 와중에 동래부사 황정연은 장계를 올려 연향 설행이 불가능함을 알리고 1875년 9월 1일 대죄사직하였다. 조선 정부와 메이지 정부 사이에 낀 동래부의 어려움이 고스란히 전해진다. 후임으로 홍우창洪祐昌이 임명되었다. 동래부사 정현덕 이래 박제관-황정연-홍우창 등으로 잦은 교체가 이루어진 것은 그만큼 대일외교가 어려웠으며 정치적 대립이 심각한 사안이었음을 가늠케 한다.

1875년 9월 19일, 월미도 앞바다에서 운요호 사건雲楊號事件이 발생하였다. 운요호 사건은 조선에 반일 감정의 불을 지폈으며, 일본에서도 정한론을 확산시켰다. 모리야마 시게루의 보고를 받은 메이지 정부는 조선과의 전쟁을 기정사실화하고 준비하였다.

1875년 10월 3일, 모리야마 시게루를 태운 카스카함春日艦이 부산에 입항하였다. 10월 27일에는 해군 소장 나카무타 쿠라노스케中牟田倉之助가 모슌함孟春艦을 이끌고 부산에 입항했다. 이때 정박해 있던 카스카함은 소장기에 대해 예포 13발을 발사하였고, 모슌함도 답례포를 발사하였다. 이는 조선 국법을 무시하는 처사였고 무력 과시의 도를 넘어 전쟁 도발이었다.

1875년 11월 25일, 히로쓰 히로노부가 이사관으로 승진하여 전권변리대신의 선보사先報使로서 왜관에 파견되어 전권변리대신의 파견을 알리는 구진서口陳書를 전달하였다. 그러자 훈도는 일본의 국서를 받을 것인가에 대한 물음을 전쟁을 선택할 것인가의 요구로 받아들였다.

1875년 12월 13일, 무장한 일본 해병대 58명이 설문 밖으로 나와 초량에서 조선 수비병과 충돌하였다. 분명한 도발 행위였다. 이 사건으로 중경상자 12명이 발생하였다. 경상도 관찰사는 동래부사 및 각 진장과 훈도, 별차 등에게 엄감嚴勘을 치계馳啓하였다. 전쟁이냐 평화냐의 기로에서 조선 정부의 결단을 요구하는 상황이었다.

일본 외무성은 일련의 사건에도 불구하고 동래부가 왜관을 폐쇄하지 않고 우호를 모색하는 것에 놀라워했다. 일본은 조선이 전쟁에 말려들 것이라고 생각하고 왜관 관원들의 철수를 준비했던 상황이었다. 조선은 군사적 열세를 자각하고 가능한 한 전쟁을 피하려고 노력하였다. 사실 메이지 정부는 당시 전쟁을 수행하기에 여러모로 여건이 갖춰지지 않은 상태였다. 일본 국내에서는 정부를 비판하는 세력이 만만치 않았으며 특히 사쓰마 지역의 정서는 무시할 수 없었다. '메이지 6년의 정변' 이후 일본 열도는 내전에 가까운 분열 상태였다.

일본에서는 메이지 정부의 선전으로 인해 일반 백성들 사이에도 조선침략론이 대세로 굳어졌다. 내부 분열을 외침으로 극복하자는 견해가 힘을 얻기 시작하였다. 이런 상황에서 구로다 기요타카黑田清隆가 전권변리대신으로 강화도에 파견되었다. 1876년 2월 11일, 그는 조선 정부와 1차 회담을 시작하여 사흘 만인 2월 14일에 합의를 이루었고, 26일에는 조일수호조규를 조인하고, 2월 27일에 비준서를 교환하였다. 꼭 보름 만에 조약이 체결되었다.

조선 정부는 일본의 조약문이 도저히 받아들일 수 없을 만큼 굴욕적이라면 전쟁도 불사하겠지만 그렇지 않다면 받아들이기로 이미 결정하였다. 그렇기 때문에 구로다 기요타카의 초안을 거부할 이유가 없었다. 구로다 역시 사태가 심각해져 전쟁으로 발전할 것을 두려워하며 조선이 요구한 수정 제의를 쉽게 수용하였다.

조일수호조규에서 중시된 것은 대등한 외교 관계와 우호에 대한 약속이었을 뿐 구체적인 것은 후속 조약으로 미루었다. 따라서 강화도조약江華島條約은 중수구교重修舊交를 이룬 것이었고, 최악의 상황을 평화적으로 해결한, 당시로서는 축하할 업적이었다. 당시 조약이 맺어진 후 수신사를 통해 전달된 예조참판의 서계를 보면 조일수호조규에 대한 만족감이 어느 정도였는지 가늠할 수 있다.

바다를 사이에 두고 멀리 떨어져 있으매 전해 들은 말이 그릇되기가 쉬우므로 두 나라가 서로 의심하여 이것이 벌써 여러 해 되었으니 인교의 구의를 생각할 때마다 개탄을 금치 못하였습니다. 다행히 귀국 대신이 우리나라에 와서 본방의 대신과 명백히 담판하여 다시는 장애가 될 일이 없게 되었으니 마치 비바람이 지나간 난초밭에 꽃향기만 가득한 것과 같습니다. 지금부터 구의를 두텁게 하고 영구적인 우호를 계속한다면 기쁨이 한량없겠습니다.

두 나라 사이의 의심은 쓰시마 번과 동래부가 잘못 전달한 말, 혹은 왜관 관원과 동래부의 오해 때문이라고 치부하고 있다.

맺음말

이 책에서는 조일수호조규가 맺어지는 1876년까지 일본에 등장한 조선침략론을 중심으로 전환기 한일관계사를 다시 구성하고자 하였다. 조선 후기(일본 도쿠가와 막부 시기) 우호적인 한일관계가 특별한 외교적 갈등 없이 악화되고 무위(힘)를 보여주어야 한다는 정한론이나 조선침략론이 나타나게 된 것은 일본의 내부 정치에서 유래함을 밝히고자 하였다. 이를 설명하기 위해서 막번체제와 조선 후기 한일관계의 특징, 그리고 일본 개항사에 대해 언급하였다. 특히 양국의 가교 역할을 하였던 쓰시마 번이 취한 태도에 주목하지 않을 수 없었다.

조선 후기 한일관계는 평화적이고 우호적이었지만 에도 막부의 개항과 메이지 정권으로의 교체 과정에서 정한론(조선침략론)이 발생하고, 기존의 외교 관계가 '구폐'라고 규정되어 메이지 정부의 쓰시마와 조선의 동래부 사이에 갈등이 발생하게 되었던 과정을 살펴보았다. 그리고 폐번치현으로 메이지 외무성이 왜관에 자리잡게 되고 기존의 조약(기유약조)을 폐기하고 난 다음의 왜관의 모습에 대해 살펴봄으로써 변혁기 한일관계사를 조망해 보았다.

책의 주제가 조선침략론에 대한 설명이므로, 개항 전야의 대외팽창론(1853~1858), 쓰시마에 의한 조선진출론(1863~1865), 조슈에 의한 조선침략론(1868, 1869), 외무성 관리에 의한 조선침략론(1870), 메이지 6년의 정변에서 나타난 조선침략론(1873), 그리고 타이완 침공 이후의 전쟁 여론(1875) 등을 한일관계사의 틀에서 살펴보았다.

메이지 정부가 성립된 후 기존의 외교 관계를 '구폐'라 규정한 정부는 쓰시마 번에 구폐 개혁을 명하였다. 이에 쓰시마 번은 조선이 준 도서 대신 메이지 정부의 도장을 사용하거나 쓰시마 번주의 지위를 '좌근위소장'으로 올리거나 훈도가 아닌 동래부사와 직접 교섭하는 것 등을 해결책으로 간주하였다.

하지만 조선은 에도 막부의 붕괴를 확인하고 메이지 정부와 전쟁을 벌이지 않기 위해 이에 응하지 않았고 오히려 달래는 전략을 택했다. 아울러 쓰시마 번이 한일 양국의 완충 역할을 담당해 왔던 구례를 강조하고 규범을 준수한 선박에 대해서는 접대를 아끼지 않았다.

메이지 정부는 폐번치현으로 쓰시마 번이 폐지됨을 알리고 청일 수호조규의 체결을 알리는 외무대승(전 쓰시마 번주 소 요시아키라)의 서한을 조선 정부에 전달하였다. 뒤이어 세견선 무역이 폐지되고 왜관 대관들이 철수하면서 기유약조 체제가 붕괴되었다.

비록 기유약조 체제는 붕괴되었으나 동래부는 왜관의 선창과

객사를 수리하고 왜관 관원들을 대접하는 등 우호의 길을 열어 놓았다. 일본 외무성 또한 대가 없이 표류민을 송환하며 무역도 계속 유지하였다. 다만 양국의 관계를 원상회복하려는 동래부의 입장과 새로운 외교 관계를 요구하는 일본의 입장이 대립하며 소통하지 못하였다.

1874년 조선은 고종이 친정하며 새롭게 소통을 시도하였으나 이마저 어그러졌다. 곧 외무성이 보낸 서계가 받아들여지지 않자 전쟁 위기가 현실화하였다. 일본 정부는 강화도 사건(운요호 사건)과 부산에서 일본군의 무력시위를 일으키며 전쟁을 도발했으나 군사적 열세를 인식한 조선의 인내로 전쟁은 벌어지지 않았다.

이후 양국이 맺은 조일수호조규는 수많은 갈등과 대화가 결실을 맺은 것임은 강조할 필요가 있다. 오랫동안 쓰시마 번을 매개로 이루어진 양국의 대화가 일본의 정권 교체와 집권 과정을 통해 드디어 정부 간의 대화로 변모한 것이다. 단순히 운요호 사건을 일으킨 일본의 무력에 굴복하여 맺은 조약은 아니었다. 이상의 흐름은 기존의 인식과는 상당히 다르기 때문에 앞으로 더욱 많은 연구와 비판이 필요하다.

그러나 조일수호조규가 조선 근대화의 여정에서 새로운 갈등의 씨앗이 되었음은 분명하다. 외교 활동의 기본은 중요한 것과 합의 가능한 것들을 먼저 이행하고, 합의가 어려운 것은 싸우지 않고 뒤로 넘기는 것이다. 조일수호조규에서 중시된 것은 대등한 외교 관계와 우호에 대한 약속뿐이었다. 일본은 이 조약과 세계의 흐름을 앞세워 점차 많은 변화를 조선에 요구하였고, 조선은 국교 회복에 만족하며 이를 거부하다가 점차 선택적으로 받아들이면서 변화해 간다.

남은 문제는 조선 정부가 합의를 통해 개국을 결정하고 개화·자강정책을 추진하는 시점이 언제인지, 그 정책이 성공하지 못한 이유가 무엇인지 주체적이고 단계적으로 살펴보는 일이다. 주체적인 역사 서술만이 실패로 나타난 사건에서 역사적 교훈을 얻을 수 있기 때문이다.

찾아보기

7인위원회 104

• ㄱ •

가쓰 가이슈勝海州 47, 56, 72

가와모토 구사에몬川本九左衛門 81, 86

갑자의 변甲子の変 64

강화도 사건 11

개시 30, 31, 112

게무야마 센타로煙山專太郎 140

견한론자 139

고토 쇼지로後藤象二郎 71

공무역 26, 30, 31, 41, 127

공무합체 48, 50

구로다 기요타카黒田清隆 153

기도 다카요시木戸孝允 10, 52, 62, 64, 73, 82~84, 100

기유약조己酉約條 25, 80, 109, 112, 118, 125, 127, 128, 157

긴몬의 변禁門の変 62

김계운金繼運 151

김세호金世鎬 142

• ㄴ •

나가누마 구마타로長沼熊太郎 139

나카무타 쿠라노스케中牟田倉之助 152

남효원南孝源 143

노인路引 25, 26, 32, 33, 86, 90, 93, 117, 123

• ㄷ •

다이묘大名 7, 19, 21, 23, 35, 42, 53, 64, 71, 72, 119

다카스기 신사쿠高杉振作 61, 64

대관소 31, 89, 90, 104~109, 112, 116, 117, 123, 133

대범곡大凡谷 145

대수대차사大修大差使 10, 73, 81~87, 89, 91, 93, 99, 102, 136

대외팽창론 7~9, 12, 20, 35, 37, 40, 60, 156

대정봉환大政奉還 71

도서圖書 25, 26, 80, 86, 88, 93, 117

도요토미 히데요시豐臣秀吉 18, 19, 20, 37

도쿠가와 막부 8
도쿠가와 요시노부德川慶喜 68~72
도쿠가와 이에야스德川家康 18
동래부 7, 12, 26, 31~33, 84, 87~97, 103~106, 109, 112, 115, 118, 122~125, 127, 131~137, 142, 151, 154, 156~158

• ㄹ •

러시아 43, 45, 47, 84

• ㅁ •

메이지 6년의 정변 139, 153, 157
메이지 유신 12
메이지明治 정부 10, 11, 12, 20, 73, 76, 80, 86, 88, 90, 94, 95, 117
모리 도시히코毛利敏彦 140
모리야마 시게루森山茂 10, 97, 98, 104, 121, 125, 144, 146~151
무역서貿易署 96
미일수호조약 7, 35

• ㅂ •

박규수朴珪壽 142
박정양朴定陽 142
박제관朴齊寬 142, 145, 148
병인양요 70, 101
보신전쟁戊辰戰爭 10, 72, 73, 83, 84
비선 노인 119, 120, 124, 126

• ㅅ •

사관납지辭官納地 72
사다 하쿠보佐田白矛 10, 98, 100
사무역(개시) 30, 31, 127
사쓰마 번薩摩藩 10, 20, 50, 51, 61, 67, 71, 72, 84
사이고 다카모리西鄕隆盛 11, 71, 72, 139
사이토 사카에齊藤榮 98
사카시타몬 밖의 변坂下門外の変 42, 48
사쿠라다몬 밖의 변桜田門外の変 42
산조 사네토미三條實美 65, 82
선보사先報使 152
세견선 31, 80, 89, 90, 93, 96, 108, 112, 118, 125, 127, 132
세이난西南 전쟁 139
소 시게마사宗重正 91
소 요시아키라宗義達 54, 64, 77, 103, 104, 137
소 요시요리宗義和 45, 53, 54
소통사 114, 115, 121, 122, 125, 131
쇼군 23, 26, 41, 51, 60

시마즈 히사미쓰島津久光 50, 51, 60
쓰시마 번対馬藩 12, 19, 24~27, 31, 37, 41, 43~49, 53~70, 76~81, 83, 86~89, 92, 93, 96~99, 101, 103, 104, 115, 117, 118

• ㅇ •

안도 노부마사安藤信正 48, 56
안세이 대옥安政の大獄 41, 60
야나기하라 사키미쓰柳原前光 141
양이攘夷 50, 52, 53, 54, 60, 61, 63, 64, 76
에도 막부江戸幕府 12, 19, 22~25, 35, 40, 44, 73, 87, 109, 119
오시마 도모노조大島友之允 9, 65, 67, 102
오쿠 기세이奧義制 115, 116, 125, 131~136, 143, 150
오쿠보 도시미치大久保利通 11, 67, 71, 139
왜관倭館 11, 12, 24~34, 80~85, 92~97, 106, 108, 112, 114, 115, 120, 127~135
요시다 쇼인吉田松陰 36, 83
우라세 모스케浦瀬最助 143
우창洪祐昌 151
운요호 사건雲楊號事件 151, 158
유진학兪鎭學 143
유치선兪致善 142
이봉移封 운동 8, 12, 43~49, 53, 60, 70
이와쿠라 도모미岩倉具視 11, 71, 82, 139
이유원李裕元 142
이정암윤번제以酊庵輪番制 69, 70
이즈하라 번嚴原藩 91, 92, 95~99, 101, 103, 104, 117, 118
이케다야 사건 61
이타쿠라 카츠키요板倉勝靜 55, 69
임진왜란壬辰倭亂 18, 20, 24, 25, 36, 37

• ㅈ •

정한론征韓論 8~11, 82, 100, 130
정한론 원서 57, 58
정한론 정변 136, 139, 138~141
정현덕鄭顯德 142
제1차 막부 · 조슈 전쟁 63, 64
제1차 조슈 정벌 62
제2차 막부 · 조슈 전쟁 68
제2차 조슈 정벌 67
조공무역 26, 27, 80, 85, 108
조선진출론 156
조선침략건백서 9, 10, 12

조선침략론(정한론) 6, 7, 37, 83, 84, 97, 11, 101, 156, 157
조선통신사朝鮮通信使 19, 21, 22, 23, 24
조슈 번長州藩 9, 10, 42, 52~54, 61~65, 67, 72, 73
조일수호조규 11, 112, 149, 153, 156, 157
지행知行 27

• ㅊ •

청일수호조규 102~104

• ㅌ •

토막파討幕派 71, 72

• ㅍ •

폐번치현 103, 104, 109

• ㅎ •

하나부사 요시모토花房義質 108, 109, 114~119
한세키호칸版籍奉還 90
항해원략책 42, 43, 47, 52
현석운 146~148
황정연黃正淵 149
후카미 로쿠로深見六郎 104, 106, 107, 115, 116, 130
훈도訓導 6, 24, 28, 33, 86~88, 92~95, 103~105, 119~125, 143~148
흥선대원군興宣大院君 143
히구치 겐노스케樋口謙之亮 65
히구치 데쓰시로樋口鉄四郎 81, 85, 87, 88, 91
히라다 오에平田大江 64, 67
히로세 나오유키廣瀨直行 115~117
히로쓰 히로노부廣津弘信 97, 104, 129~132, 134, 141, 150, 152

동북아역사재단 교양총서 13

메이지 유신 초기의 조선침략론

제1판 1쇄 발행일 2019년 5월 30일

지은이 현명철
발행인 김도형
발행처 동북아역사재단

출판등록 제312-2004-050호(2004년 10월 18일)
주소 서울시 서대문구 통일로 81, NH농협생명빌딩
전화 02-2012-6065
팩스 02-2012-6189
홈페이지 www.nahf.or.kr
제작·인쇄 청아출판사
디자인 (주)파피루스

ISBN 978-89-6187-442-7 04910
978-89-6187-406-9 (세트)

• 이 도서의 국립중앙도서관 출판예정도서목록(CIP)은 서지정보유통지원시스템 홈페이지(http://seoji.nl.go.kr)와 국가자료종합목록시스템(http://kolis-net.nl.go.kr)에서 이용하실 수 있습니다.(CIP제어번호 : CIP2019019547)
• 책값은 뒤표지에 있습니다. 잘못된 책은 바꾸어 드립니다.